《讲好中国式乡村振兴故事》丛书

秦风楚韵焕新颜

乡村振兴高质量发展的山阳故事

中国乡村振兴发展中心　指导
《秦风楚韵焕新颜：乡村振兴高质量发展的山阳故事》课题组　编著

中国文联出版社

前言

习近平总书记在党的二十大报告中强调，“全面推进乡村振兴”，“坚持农业农村优先发展，坚持城乡融合发展，畅通城乡要素流动”，“扎实推动乡村产业、人才、文化、生态、组织振兴”。乡村振兴，是实现中华民族伟大复兴的一项重大战略任务，也是习近平总书记擘画的解决我国“三农”问题的总抓手。在全面建设社会主义现代化国家的新征程中，全面实施乡村振兴战略找准了新时代“三农”工作的着力点，在高质量发展中全面促进农业高质高效、乡村宜居宜业、农民富裕富足，铺展了乡村振兴的壮美画卷。

巍峨的秦岭山脉蜿蜒横亘东西，悠久的山阳县植根秦岭南麓腹地。山阳因坐落于“商山以南”，按“山南水北谓之阳”的命名原则，故取名山阳。这里山高林密，是一个“八山一水一分田”的土石山区县、革命老区县，曾是国家扶贫开发工作重点县、深度贫困县，2020 年实现整县脱贫摘帽；这里历史绵长，西晋置县，古称丰阳，距今已有 1700 多年历史，曾是秦楚和宋金的国界，是一个秦风楚韵之地，“朝秦暮楚”“南腔北调”两个成语就诞生于此，秦头楚尾的特殊地理位置，成就了山阳厚重的历史文化；这里迎来乡村振兴的新腾飞，近年来，山阳县坚持以建设美丽幸福山阳为主题，以提高经济发展质量和效益为中心，深入实施“生态立县、工业强县、产业兴县、旅游活县”四大战略，全力推动经济社会快速发展，先后荣获全国科技进步先进县、中国美丽乡村建设示范县、省级生态文明建设示范区、省级食品安全示范县等50多项荣誉称号。

山阳乡村振兴的实践成效表明，乡村振兴是促进县域经济高质量发展的重要举措，是进一步解决人民日益增长的美好生活需要和不平衡不充分的发展之间矛盾的必然要求，是全面建设社会主义现代化国家、实现第二个百年奋斗目标的必然要求，也是实现全体人民共同富裕的必然要求。保持乡村振兴高质量发展，是一项历史性的工程，需要久久为功，持续用力。

本书以新时代下新发展、乡村产业硕果累、乡村治理成效好、乡村建设美如画、城乡融合共发展、新征程上新山阳六个篇章辑录而成《秦风楚韵焕新颜：乡村振兴高质量发展的山阳故事》，以此致敬那些率先垂范、主动作为的党员干部，不等不靠、努力奋斗的人民群众，也为新征程上继续推动乡村振兴，建设美丽乡村、美丽中国，实现中华民族伟大复兴，提供精神动力和有益参考。

目录

新时代下新发展

图 1–1　天竺山风光

图 1–2　山阳梅子岭石人

图 1–3　山阳天蓬山寨

“中国要强，农业必须强；中国要美，农村必须美；中国要富，农民必须富。”农业、农村、农民，一直是习近平总书记的心之所系，他强调的这“三个必须”全力擘画出乡村振兴的建设目标。位于陕西省东南部的山阳，古称“丰阳”，地处秦岭南麓，素有“天然氧吧”“秦岭原乡”“度假天堂”“西部药乡”之美誉。近年来，山阳县深入贯彻习近平总书记来陕考察重要讲话重要指示，紧扣绿色循环发展定位，锚定打造“一都四区”示范县、建设“五好山阳”目标，聚力打造电子信息及智能制造、新材料和康养旅游三大产业链群，加快建设陕南电子信息产业基地、国家高端钒材料基地和秦岭康养旅游度假区，经济社会发展取得了明显成效。丰收的喜悦在这片广袤的土地上蔓延，一组组用数字谱写的跳动音符、一个个用项目描绘的喜人场景、一幅幅用幸福定格的崭新画面，呈现出新时代下新发展中山阳县乡村振兴活力迸发、催人奋进的生动景象。

第一节　农业强：特色产业出精品

一直以来，山阳县坚持把产业振兴作为乡村振兴的重中之重，充分依托和挖掘当地自然资源，因地制宜，在做强“特色产业”基础上，走好“精准棋”、打好“特色牌”、念好“品牌经”，不断延长产业链、价值链，推动特色优势产业全链发展，逐步构建并形成了现代农业产业体系、生产体系、经营体系和销售体系。

坚持绿色发展，做特农业产业

立足资源禀赋，做好“土特产”文章，以“药、菌、果、畜、茶”和特色农产品为重点，持续壮大特色农业产业规模，连年提升农业产业效益。累计发展中药材 59.06 万亩、林果 133.99 万亩、茶叶 18.93 万亩，新发展食用菌 8510 万袋、畜禽养殖 535 万头（只）、中华蜂 7.8 万箱，成功创建省级中

图 1–4　山阳莲花茶厂茶农采茶

图 1-5　山阳千亩中药光伏基地

药材现代化科技示范县，荣获“国家林下经济示范基地”等称号。累计建设金鸡扶贫、秦岭优源、意发等现代农业园区 49 个，其中省级园区 2 个，市级园区 20 个，黄花岭有机茶园等三产融合发展示范区 5 个。坚持“一镇一业、一村一品”，培育旅游、食用菌、茶叶、挂面、烟叶等产业特色村 56 个，漫川关镇前店子村被评为“中国美丽休闲乡村”，法官镇获得“全国‘一村一品’示范镇”称号，南宽坪镇甘沟村、延坪镇枫树村获得“全国‘一村一品’示范村”称号，法官庙村入选国家乡村旅游重点村。建成标准化生态基地 22 个，特色产业基地 292 个，开发生态绿色农产品种植面积达 80 万亩，全县 9.53 万农户通过参与产业发展实现增收。

坚持龙头带动，做强经营主体

深化农村集体产权制度改革，推行龙头企业、农民合作社、能人大户“三大带动”，实行“龙头企业＋农民合作社＋能人大户＋农户”模式，由龙头企业“抓两头带中间”，农民合作社“抓一品带一业”，能人大户“做示范带着干”，将农户与经营主体利益紧密联结，在产业链上优势互补、分工协作。将农户与经营主体利益紧密联结，31 家龙头企业采取“抓两头带中间”方式（企业负责提供种苗和保底收购，农户负责中间种植和养殖环节）带动农户发展产业，探索出“借袋还菇”“借豆还芽”“借苗还鸡”等发展模式，最大限度降低农户经营风险；677 个农民专业合作社采取“抓一品带一村”方式带动 3.01 万户加入合作社稳定收益，2030 个能人大户“做示范带着干”带动 1.54 万户共同发展。培育新型农业经营主体，发展市级以上龙头企业 28 家、农民专业合作社 1023 个、专业大户 202 个、家庭农场 169 个、职业农民 1224 人，发展以农户为单位的种植养殖特色庭院经济 1.49 万户，示范带动 9 万农户户均增收 4000 元。

图 1–6　食用菌种植

图 1–7　牲畜养殖

坚持品牌强农，做亮优势品牌

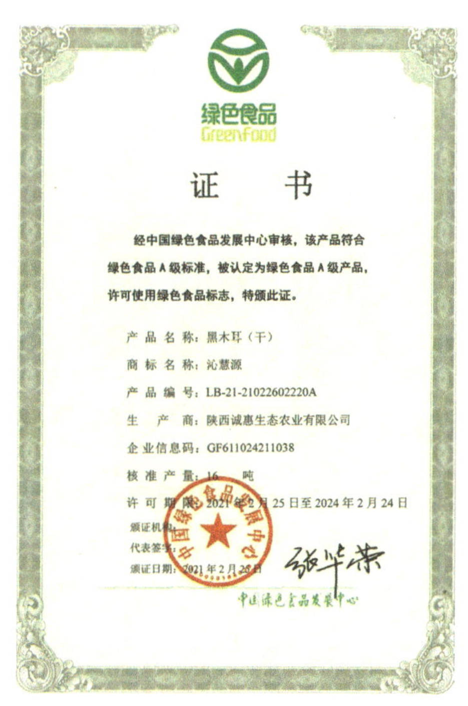

绿色食品
GreenFood

证　书

经中国绿色食品发展中心审核，该产品符合绿色食品 A 级标准，被认定为绿色食品 A 级产品，许可使用绿色食品标志，特颁此证。

产品名称：黑木耳（干）
商标名称：沁慧源
产品编号：LB-21-21022602220A
生产商：陕西诚惠生态农业有限公司
企业信息码：GF611024211038
核准产量：16　吨
许可期限：2021 年 2 月 25 日至 2024 年 2 月 24 日
颁证机构：
代表签字：
颁证日期：2021 年 2 月 26 日

中国绿色食品发展中心

图 1–8　绿色食品证书：诚惠黑木耳

近年来，山阳县委、县政府高度重视农特产品品牌挖掘和建设，坚持“打好山地牌、念好山字经”，大力推行标准化生产和农产品“三品一标”一体化认证、质量追溯体系建设、使用农产品合格证制度；引导企业加大“三品一标”“名特优新”申报，鼓励企业参与“陕西质量奖”等品牌评选活动，加快形成山阳区域公用品牌、企业品牌和产品品牌三位一体的品牌集群；鼓励把有机农产品展销与休闲旅游、文化展示相融合，建设优质特色农产品直销中心和交易市场，不断提升山阳农产品品牌的知名度和影响力。全县累计开

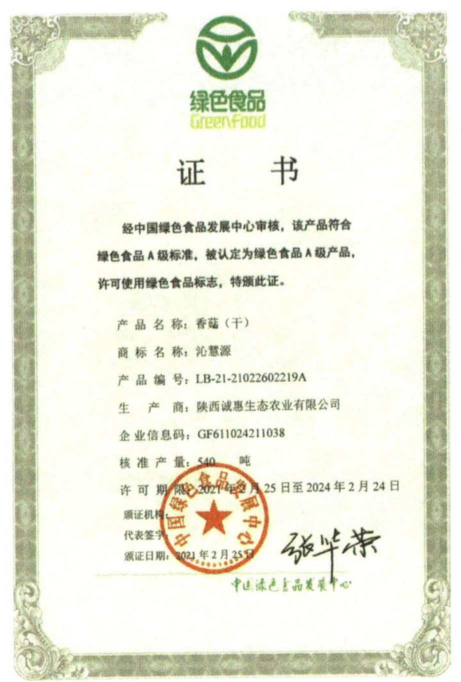
绿色食品
GreenFood

证　书

经中国绿色食品发展中心审核，该产品符合绿色食品A级标准，被认定为绿色食品A级产品，许可使用绿色食品标志，特颁此证。

产品名称：香菇（干）
商标名称：沁慧源
产品编号：LB-21-21022602219A
生产商：陕西诚惠生态农业有限公司
企业信息码：GF611024211038
核准产量：540　吨
许可期限：2021年2月25日至2024年2月24日
颁证机构：
代表签字：
颁证日期：2021年2月25日

中国绿色食品发展中心

图 1–9　绿色食品证书：诚惠香菇

绿色食品
GreenFood

证　书

经中国绿色食品发展中心审核，该产品符合绿色食品A级标准，被认定为绿色食品A级产品，许可使用绿色食品标志，特颁此证。

产品名称：万福白茶
商标名称：江祝
产品编号：LB-44-23072610724A
生产商：山阳县万福茶业有限公司
企业信息码：GF611024234262
核准产量：5　吨
许可期限：2023年7月7日至2026年7月6日
颁证机构：
颁证日期：2023年7月7日

中国绿色食品发展中心

图 1–10　绿色食品证书：万福白茶

发农产品 30 多类 200 余种，注册农产品商标 266 个，认定“三品一标”农产品品牌 59 个，“名特优新”产品 9 个，天竺翠峰、山阳天麻、山阳硒耳区域公用品牌 3 个，山阳九眼莲、山阳核桃、山阳天麻获国家地理标志登记保护，成功创建为国家农产品质量安全示范县。

坚持电商引领，做活农产销售

山阳县围绕“巩固拓展脱贫攻坚成果、全面推进乡村振兴”目标，抢抓国家电子商务进农村综合示范项目实施机遇，多措并举推动电商平台农产销售迈上新台阶。一是依托“药菌果畜茶”等优势产业，大力宣传推广“源味山阳”县域农产品公共品牌，开发网货产品 33 个。目前，山阳天麻、九眼莲、核桃 3 种产品已获国家地理标志产品认定，68 家企业（合作社）、264 个产品入选扶贫产品认定目录，29 家电商企业入驻“832 平台”。二是充分发挥电商企业各自优势，对接国内一级批发市场，开展大宗农产品交易，同时与淘宝、京东、苏宁、邮乐网等各大电商平台深度合作，开设网店、特产馆，拓宽网络销售渠道。通过直播带货带动全县一批本地网红快速成长，掀起直播带货热潮。三是精准开展产销对接，打通供应链，延长产业链，凝聚消费力量，提高特产销量，促进农民增收致富。组织开展农产品进机关、进企业、进商场、进超市，在超市设专柜、市场设摊位的“四进两设”活动，不断拓展消费渠道。目前通过各种渠道销售农产品 2.56 亿元，带动 1100 多户脱贫户增收 500 多万元。

所以说，农业强，产业必须强；产业旺，乡村振兴才有底气。产业振兴是全面推进乡村振兴、促进农民增收的基石。山阳县紧盯高质量发展要求，

图 1-11　山阳电商销售产品

统筹资源禀赋，严守大秦岭保护底线，找准了比较优势和发展突破的结合点，狠抓粮药菌果畜茶“6+X”特色产业和高标准产业园区建设，巩固拓展了脱贫攻坚成果，为县域经济高质量发展和全面推进乡村振兴加了力、赋了能，筑牢了产业联农带农促增收的根基。

第二节　农村美：宜居宜业留乡愁

“新农村建设一定要走符合农村实际的路子，遵循乡村自身发展规律，充分体现农村特点，注意乡土味道，保留乡村风貌，留得住青山绿水，记得住乡愁。”习近平总书记对“三农”工作的牵挂、对宜居宜业和美乡村的期许，为全面推进乡村振兴、加快农业农村高质量发展指明了前进方向。近年来，山阳县把农村人居环境整治作为推进乡村振兴的重要抓手和前提，积极开展农村人居环境整治行动，努力打造村庄整洁、环境优美、生态宜居的美丽新农村，真正做到了留乡愁、汇人气、聚人心，让越来越多宜居宜业和美乡村在秦岭深处化为现实。

更宜居，美丽乡村焕发新气象

乡村要发展，环境是底色。改善农村人居环境，是实施乡村振兴战略的一项重点任务。近年来，山阳县持续加大农村人居环境整治力度，按照“整体规划、整村（域）推进、分类实施、逐年建设、一体到位”的思路，与秦岭山水乡村、乡村振兴示范村、村庄清洁行动、重点帮扶村等融合，对标“违法广告拆除、残垣断壁拆掉、物件摆放整齐、垃圾捡扫干净、院落室内洁净、群众习惯文明”标准，探索推行“一拆、二清、三建、四改、五缀、六管”六步工作法，扎实开展农村人居环境整治行动。目前，山阳县农村生态环境整体持续改善、村容村貌稳步提升，农村居民环境卫生观念也发生了可喜变化、生活质量普遍提高。从生活垃圾清理到生活污水排放，从“厕所革命”到美丽河湖建设，为宜居宜业和美乡村建设提供了有力支撑。谈及美丽乡村焕发的新气象，桃园村党支部书记柳礼政说，这些年，村上一直在抓人居环境整治，彻底改观还是从 2022 年 3 月开始的，“我们争取了乡村振兴专用资金，借助中央彩票公益金支持，从三个层面对村容村貌下茬整治，让村子由内而外美起来，为打造旅游乡村、实现业态转型奠定坚实的基础”。

图 1–12　漫川关镇康家坪村

图 1–13　花庙子村改造后的厕所

更宜业，特色产业铺就致富路

建设宜居宜业和美乡村，就是要在创造幸福生活上出实绩。一方面要把增加脱贫群众收入作为根本措施，筑牢兜底保障网，提高农村低收入人口抗风险能力。另一方面既要留得住人，吸纳更多农民就地就近就业，又要引得来人，不断完善、优化保障激励机制，使“人才”来得了、留得住。由于多山少田、人多地少，山阳县曾长期面临“一方水土难养一方人”的困境，年轻的劳动力基本选择外出打工，空心化严重。近年来，山阳县因地制宜发展特色产业，提升竞争力，主要通过“合作社＋村集体＋基地＋农户”的模式，发挥致富带头人、产业能人的示范引领作用，拓宽产销对接路径，让农户吃下“定心丸”，真正实现“美在农家、富在庭院”，为农村经济发展注入新的能量。山阳县在扶持壮大特色产业的过程中，让越来越多的村民在家门

图 1–14　法官庙艾香产业园基地

图 1–15　法官镇乡村风景

口实现了就业增收。实践证明，只有强龙头、补链条、兴业态、树品牌，加快推动乡村产业兴旺起来，才能带动资金、技术、人才等更多地流向农村，农村才有活力、有人气、有奔头。谈起近些年村里的变化，铁炉子村党支部书记、村委会主任张朝会的幸福感油然而生，“现在生活好了、环境好了，村民也都变自觉了，以前还有个别人乱扔乱倒垃圾，慢慢地也就不好意思了，垃圾乱扔乱倒的情况没有了，走在大街上看见垃圾还会主动捡拾打扫，村民素质得到了提高”。

更和美，文明乡风浸润幸福颜

乡村不仅要塑形，更要铸魂，乡风文明是乡村振兴的灵魂。2022 年以来，山阳县围绕“和美”抓乡村治理，色河铺镇峒峪河流域在全县乡村治理的良好氛围带动下，各村由“四支队伍”负责，发动网格员、组长、党员、乡贤能人参与，成立乡风文明建设小分队，带领群众开展移风易俗“1423”专项行动，完善“一约四会”制度，设立“红黑榜”，建立一举报一奖励一问责“三个一”制度，激发内生动力，倡导文明新风。以党员连心卡为载体，积极开展新时代文明实践活动，组织道德模范、典型示范评选，打造了元子街社区红白理事会及集镇社会治理示范社区和峒峪寺示范样板村，评选“十星级文明户”2500余户，“厚德丰阳·善行义举榜”和“好公婆、好儿媳”等先进模范典型277人，利用公众号、视频号开设专题专栏，推广移风易俗好经验、好做法，发布简报16期。开展志愿服务队活动120余次，表彰优秀典型113名，传递正能量，唱响主旋律。“在我们各项事务的推进中，峒峪河流域的民众参与度是最高的。”色河铺镇镇长马蔷薇说，“环境整治的时候，镇上和村上给提供水泥，群众自己主动做地面硬化。乡村治理过程中，群众配合度极高，民风也有了极大改善。”

宜居宜业和美乡村建设是一项长期任务、系统工程，必须稳扎稳打、久久为功，一年接着一年干、一件接着一件抓，不可一蹴而就、急于求成。只有真正把好事办好、实事办实，实现乡村由表及里、形神兼备的全面提升，才能让农民群众在全面推进乡村振兴中拥有更多获得感、幸福感、安全感。

图1-16 西关社区“善行义举榜”

图 1-17　银花社区——好公婆、好媳妇评选

如今，“望得穿山水，也见得到产业；记得住乡愁，也看得到奔头”成为越来越多村民以及回到农村发展的年轻人的共识。地处秦岭深处的山阳县，乡村建设、乡村改革、乡村治理正在有序地推进。

第三节　农民富：多措并举有奔头

习近平总书记强调：“检验农村工作实效的一个重要尺度，就是看农民的钱袋子鼓起来没有。”增加农民收入是“三农”工作的中心任务。山阳县坚持把强村富民和巩固拓展脱贫攻坚成果作为全面推进乡村振兴的重要内容，统筹谋划，重点突破，不断增强农民幸福感、获得感。

产业兴旺村民富

增收靠实干，致富看产业。产业发展的路子究竟怎么走，山阳县委、县政府早已绘制了蓝图。一头牵住经营主体，一头牵住农户，三方同时发力，让科学机制发挥四两拨千斤的作用。山阳县创新推行龙头企业、专业合作社、能人大户"三大带动"，设施联建、产业联营、资产联股"三大联结"，技术帮带、金融帮扶、农产帮销"三大帮扶"机制，将农户牢牢地镶嵌在产业链上。

培育新型经营主体，解决农户有人带问题。山阳县持续壮大药菌果畜茶等特色产业，实现每个产业都有1—2家龙头企业带动。陕西意发生态农牧发展有限公司提供就业岗位80余个，与1500户农户发展饲草订单种植1.3万亩，带动周边320户群众托管代养肉牛957头，户均年增收2万元以上。经

图1–18 陕西意发生态农牧发展有限公司企业带动及技能培训

营主体与农户的利益链接更加紧密。

联建联营联股，新机制催生新动力。全县盘活闲置农村房屋 236 套，流转空闲土地 1.3 万亩、林地 2.2 万亩，与中铁五局合作，分 3 期建设国家“双储林”7.5 万亩，通过发展林下经济、康养产业、林地入股等方式，带动 1.8 万户 5.2 万群众通过参与分红、劳务就业等实现增收。

授人以鱼不如授人以渔，帮扶涉及各个领域。围绕解决发展产业缺技术、缺资金和产品难卖问题，山阳县在已建成的生产车间、社区工厂、产业基地等开展技能培训 102 期 7438 人次；兑现产业到户资金 680 万元，发放小额信贷、产业贷 4354 万元，落实担保贴息 450 万元、以奖代补 980 万元；利用电商平台、网络直销、网红带货等帮销代销农特产品 0.76 亿元。

多个技能有钱赚

让更多的群众有技能、有事干、有钱赚，是山阳县实施就业到人的增收创举，通过持续完善“三分一站一平台”就业帮扶模式，对全县所有劳动力实行人员年龄分段、劳动力分类、适合人群分岗，在村社和搬迁点设立就业服务保障站 262 个，并依托贫困劳动力就业务工大数据平台，动态掌握就业状态，提供精准对接服务，做到务工“需求调查、岗位推送、人岗匹配、输送服务”四个精准，确保就业人数和就业收入只增不减。

银花镇依托移民搬迁小区劳动力密集优势，引进陕西千里足纺织有限公司落户银花社区，解决就业 70 多人。38 岁的周花瑞越干越起劲：“没想到工厂建到了家门口，每月有 3000 多元收入，这日子越过越滋润了。”

家住板岩镇耿家村岩湾组的杨宪明，之前在苏州打工，年过 60 后，就被工厂的身份证读卡机和刷脸系统拒之门外。找不到合适的工作，杨宪明带着沮丧的情绪回到老家。“我们县上这几年联农带农机制很健全，这不，我刚回来就到犇犇旺生态肉牛产业园上班，每月 3000 元工资，养牛养得好了，老板还给发奖金呢！”面对记者的采访，杨宪明一边为牛槽添加饲料，一边高兴地说出了掏心窝子的话。

图 1-19 移民搬迁配套产业——服装加工厂

在政策扶持上，山阳县出台脱贫人口稳岗就业扶持办法，补贴引导 12 家人力资源公司、47 家劳务公司和 157 名能人大户，组织带动 1.7 万脱贫劳动力外出务工增收；依托全县 135 个重点项目、27 个产业园区、35 家社区工厂和 92 家就业帮扶基地，提供就业岗位 1.15 万个……目前，全县已实现转移就业 19.02 万人，其中脱贫人口和监测对象就业 4.97 万人。

庭院经济变身“聚宝盆”

做实产业，扩大就业，兼顾“五小”经济。事实上，山阳县农民增收已经从单一渠道向多元化发展。

据介绍，山阳县积极贯彻落实全国乡村振兴局长视频会议精神，统筹镇村资源，在大力发展“粮药果菌畜茶”六大特色产业的基础上，按照“一村一品、一户一业，产业到户、增收到人”的要求，动员群众积极发展小种植、小养殖、小加工、小商贸、小田园等投资小、周期短、见效快的短平快项目，推动“种养加，技工贸”一体化经营，不断优化资源配置，有效缓解种粮与发展特色产业用地矛盾，让村民足不出户敲开创业致富的大门，不断提高农民增收成色。

山阳县十里铺街道王庄村四组60多岁的杨长存忧愁了很长时间，务工没人要，闲着闷得慌。令他没有想到的是，政府早就谋划发展庭院经济，让闲人闲地产生价值和效益。“街道办的干部给我们每户送来了20只青年鸡，到秋季后，这些鸡就能下蛋啦。”杨长存掩饰不住内心的喜悦，头顶着烈日为刚进笼的鸡喂食添水。

图 1–20　王庄村庭院经济

据了解，十里铺街办还在农家户院为脱贫户、监测户建起香菇棚，依托志诚种养殖专业合作社带动，扶持弱劳动力发展香菇、养猪、养鸡等产业，不仅利用了房前屋后闲置地方，而且还能让留守人员居家创业增收。

图 1–21 庭院香菇种植

在高坝店、漫川关、户家塬等镇，农户院子种蔬菜，田埂地坎养蜂箱，房前屋后栽果树，闲置空地建圈舍，庭院经济风生水起，创业动能不断增强。值得一提的是山阳最大的移民小区——丰东新区，25 家早餐摊点热气腾腾，40 余个水果蔬菜商贩叫声四起，无数个小商品地摊一字排开，乡村振兴的画卷五彩斑斓。

图 1-22　庭院养蜂

农民通过产业增收，集体经济发展壮大。目前，全县所有村社集体经济收入达到 5 万元以上，138 个村社达到 10 万元以上。

愿景变实景，唯有接续奋斗。“农业农村工作，说一千、道一万，增加农民收入是关键。”山阳县通过多种举措着力完善农民持续较快增收的长效机制，不断提升农民的务农收入、工资性收入、经营性收入、财产性收入和转移性收入，让农民增收的步伐迈得更加稳健，增收的底气变得更加充沛。在迈向共同富裕的道路上，乡亲们正在汇聚起全方位推动高质量发展、建设共同富裕新山阳的磅礴力量。

第二章

乡村产业硕果累累

图 2-1　小河口风光

图 2-2　山阳风景照

图 2-3　山阳风景照

产业兴则乡村兴，习近平总书记强调，“加快构建现代乡村产业体系，发展新型农村集体经济，深入实施乡村建设行动，促进共同富裕”。产业振兴是乡村振兴的重中之重，乡村产业发展要基于一方水土，立足资源禀赋，突出地域特点，差异化发展特色产业，实现乡村产业拥有持续力，培育产业发展新动力。近年来，山阳县积极把握农业强国、强省和强市建设的机遇，利用国家乡村振兴政策，聚焦特色产业、联农带农和村集体经济，筑牢农民增收基石。优选药、菌、果、畜、茶等特色产业，以产业化、工业化思维推动农业全链条发展，涵盖种养加、产供销、农文旅融合，实现精深加工与产业融合。实施主体联农策略，通过龙头企业、合作社和能人大户引领，紧密联结农户与市场，确保群众深度参与产业链。

第一节　药材飘香：引来“金凤凰”连下“金蛋蛋”

山阳县坐落于风景秀丽的秦岭南麓，其独特的地理位置赋予了这片土地丰富的自然资源。县域内，北部有流岭，中部有鹘岭，南部有郧岭，因此得名“三山夹两川”。山阳县总面积达到 3535 平方公里，境内气候湿润，资源多样。在这片神奇的土地上，生长着超过 1000 种野生中药材。其中，498 种已被开发利用，123 种更是被挂牌收购。黄精、白芨、天麻等珍稀名贵的药材就有 20 多种。值得一提的是，黄姜、油用牡丹、连翘、丹参等 100 多种药材已经实现了规模化生产。为了满足日益增长的市场需求，山阳县建立了 39 个中药材种植基地，总面积高达 55 万亩。这些基地不仅丰富了种植种类，还扩大了种植规模，使山阳成为众多中医药企业竞相争夺的优质药源地。

图 2-4　中村镇梅岔村千亩连翘基地

产业茂兮引凤栖

在 2012 年的“西洽会”上，山阳县精心策划了一场别开生面的招商引资恳谈会，主题为“迎老乡、回故乡、建家乡”。此次会议旨在吸引在外有成就的乡贤们返乡投资，共同助力家乡的发展。陕西省的一位在外事业有成的优秀企业家李新朝，带着他的长子李军锋一同出席了此次盛会。他们深知家乡的发展潜力巨大，也深知这需要更多的资本和关注来推动。因此，他们抓住了这次机会，决定返乡创业投资，为家乡的发展贡献自己的力量。李军锋在接受记者采访时分享了他的创业灵感来源。他透露，2018 年他参加了一次植物提取行业的年会，在那次会议上，他震惊地发现全国范围内竟然有 2000 余家加工企业的生产要求不符合标准。这一发现让他深感痛心，也激发了他强

图 2-5　陕西德润康中医药产业园

烈的责任感和使命感。他决定，要通过自己的努力，引导更多企业走上规范、环保、可持续的发展道路。

为了深入了解市场，李新朝、李军锋父子曾在西安、宝鸡等地进行了长达半年的深入考察。他们发现，陕西是全国植物提取最早、最大的市场，对标准化厂房的需求量巨大。基于这一发现，他们决定打造一个集中药材规范化种植，中间体提取、精制，保健品研发、生产、销售，及药渣综合利用为一体的中药类全产业链。由此，陕西德润康中医药产业园在山阳县户家塬成功落户以来，始终秉持以商招商的发展思路，采取“走出去、请进来”的招商方式，积极为中小企业提供全方位、专业化的“保姆式”服务。目前，园区已成功吸引并帮助 17 家中小企业实现落户，其中 14 家企业已正常投产运行，另外 3 家企业也正在紧锣密鼓地安装、调试设备。

如今，陕西德润康中医药产业园已经正式开门迎客，成为这一创新理念的实践成果和崭新名片。在陕西德润康中医药产业园党建指导员何涛看来，

图 2-6　中医药中间体提取车间

中小企业在征地、建房、环保手续、设施配套等方面面临着诸多挑战和困难。然而，园区通过为企业提供一站式服务，解决了这些后顾之忧，实现了生产企业"拎包入住"的梦想。这种以商招商的模式，不仅为中小企业提供了更为广阔的发展空间和平台，也开创了民营企业发展的新篇章。同时，它也为山阳县乃至整个陕西省的经济发展注入了新的活力和动力。

环境优化金蛋生

山阳县高度重视林下经济的发展，为此特地成立了林下经济发展工作领导小组，专注于研究和部署中药材以及林下经济的具体工作，制定了一系列扶持办法，并投入了大量的资金。为了确保这一战略目标的顺利实现，山阳县更是将林下经济的发展纳入了年度目标责任制考核体系，通过每半年进行观摩评比、通报排名以及在年底进行交账的工作机制，推动产业快速发展。

在山阳县，政府不仅关注产业的发展，还十分关心企业的营商环境。为了及时收集和处理市场主体的问题和关切，山阳县充分利用了营商环境投诉举报热线、12345 热线等平台，完善了市场主体反映问题的渠道。同时，为

图 2-7　山阳县脱贫产业中药材林果业专题干部培训班

了确保问题得到妥善解决，山阳县还严格把控了交办和整改等关键环节，规范了问题交办的工作流程。对于营商环境专项整治、上级检查交办、工作推进以及市场主体反馈的问题，山阳县都建立了清单台账，实行销号管理，并全程跟踪督办。

为了不断提升营商环境，山阳县还主动对标先进地区的经验，结合实际进行创新，并开展了一系列活动，如“晒权亮责公开承诺”“走流程、坐窗口、优服务”等，以打造亮点。在企业服务方面，山阳县也做得非常出色。在办理营业执照、税务登记、安评、环评等手续时，企业可以与县相关单位进行对接，而县局也会派出各部门的办事人员亲临园区进行指导，为企业提供高效、便捷的服务。“我们这些小企业原来在西安没有稳定场所，经常四处‘打游击’，到园区后才站稳了脚跟。山阳营商环境很好，而且这里用工、生产成本低，前期投资少，我们只需要安装生产线就可生产。”山阳联峰生物科技有限责任公司 2021 年签约，2022 年正式生产，亲历两年创业，该公司负

图 2–8　山阳县中药材订单种植座谈会

图 2-9　山阳万生源生物科技公司展柜

责人黄林对发展环境赞不绝口。这些举措使得山阳县新增了数百户市场主体。

此外，山阳县还坚持“抓龙头、建基地、创品牌、兴产业”的发展思路，积极推动林下经济与康养产业的融合，努力打造森林康养品牌。目前，已有多家企业荣获“陕西省林下经济示范基地”的称号。为了延长产业链、提升综合效益，山阳县还充分发挥林下经济的优势，扶持建成了中医药产业园，并培育了多家中医药企业。同时，山阳县还加强了科研交流与合作，开发了多种系列产品。

通过这些举措，山阳县不仅优化了营商环境，还新增了数百户市场主体。更重要的是，这些措施还带动了当地群众就近就地转移就业，实现了显著的产值和税收增长。这些成绩不仅彰显了山阳县在经济发展上的决心和实力，也展示了其在服务企业和优化营商环境方面的创新和努力。

第二节　科技种菌：朵朵食用菌撑起农民的“致富伞”

山阳县属于长江流域汉江水系，气候温和湿润，四季分明，雨量适中，光照充足。这里森林覆盖率高达 64%，生态环境优美，为菌菇生长提供了得天独厚的条件。山阳县菌菇品种多样，有鲜菇和干菇两种，都具备高蛋白、低脂肪、富含矿物质和维生素等特点，口感细腻、清香鲜美，被誉为“素三鲜”之首，具有极高的食疗和药用价值。这里的菌菇产业得益于优越的自然环境和气候条件，具有广阔的发展前景。近年来，山阳县充分利用本地资源优势，将食用菌产业作为推动脱贫攻坚成果巩固和乡村振兴的核心产业，积极推进“一十百”产业规划布局和“抓两头、带中间”的发展策略。以生产高品质木耳、优质香菇和海鲜菇为主导，山阳县已在 10 个流域范围内建成 169 个食用菌生产基地和 3300 个标准化大棚，同时培育出 121 家经营主体。这些举措有力地推动了山阳县食用菌产业的快速发展。

图 2-10　食用菌成为村民们的“致富伞”

扎根“羊肚菌”，当好致富带头人

几年前，杨地镇西山村尝试发展红油香椿大棚，但因技术和市场问题收入不佳。经镇党委、政府和包扶单位协助，西山村联系到成功带领村民致富的何德福。何德福提出利用大棚发展羊肚菌的构想，并与西北农林科技大学的羊肚菌专家王坤教授合作。羊肚菌不仅口感鲜美、营养丰富，而且市场价格高、需求大。于是，何德福与王坤教授决定共同投资参与羊肚菌种植。

在王坤教授的指导下，何德福亲力亲为，维修大棚、购置设施、平整土地等。遇到难题，他通过电话、视频请教王教授，或邀请外地技术人员现场指导。王教授也常亲自上山解决问题。通过精细化的管理和对环境的严格控制，何德福确保了大棚内的湿度和温度适宜羊肚菌的生长。他运用人工手段调整温差，刺激羊肚菌的生长，同时在天气变暖、棚内温度上升时，及时采取措施为大棚降温，保证了羊肚菌的健康生长环境。通过不断的学习和实践，

图 2-11　西北农林科技大学羊肚菌专家王坤教授指导杨地镇海螺宫羊肚菌基地种植技术

图 2-12 食用菌产业基地

何德福积累了丰富的羊肚菌种植经验，这使得他的羊肚菌产业日益兴旺。如今，走进那些羊肚菌大棚，你会看到羊肚菌生机勃勃地生长着，仿佛在向人们展示它们的活力。在这样一个相对低海拔的地方成功种植羊肚菌，究竟是如何做到的呢？何德福表示，这正是王坤教授当前研究的重要课题。他们希望通过人工调控，创造一个适合羊肚菌生长的小环境，让这种珍稀的食材能在更多地方茁壮成长，从而为农民带来稳定的收入，让更多的人能享受到羊肚菌的美味。

山阳政府和对点扶持单位对此给予了极大的支持，通过政策引导和联手扶持，推动羊肚菌产业的持续发展。为了进一步提高羊肚菌的产量和品质，山阳县政府还积极推广反季节羊肚菌的种植技术。通过引进先进的种植技术和管理经验，农民们逐渐掌握了反季节种植的要领，使得羊肚菌的产量和品质得到了大幅提升。同时，政府还组织了多次技术培训和现场指导，帮助农民们解决种植过程中遇到的各种问题，确保羊肚菌产业能够健康、稳定地发展。在政府和农民的共同努力下，山阳县的羊肚菌产业逐渐壮大起来，成为当地村民致富的新途径。随着产业的不断发展，越来越多的农民加入羊肚菌的种植中，他们通过种植羊肚菌实现了增收致富，也为乡村振兴奠定了坚实的产业基础。羊肚菌产业的成功发展，不仅为当地村民带来了实实在在的收益，也为山阳县的经济发展注入了新的活力。

产业化生产，小菌菇促成大园区

山阳县和丰阳光食用菌产业园位于风景秀丽的高坝店镇凉水井村，这里不仅是山阳县的一颗璀璨明珠，更是全国食用菌产业的重要基地。园区以食用菌工厂化研发、生产、加工、销售、培训为核心，形成了集现代农业、科技研发、生态观光于一体的综合性产业园区。截至目前，园区已建设了年产4000万袋的黑木耳菌袋培养库和周转库，以及日产4万袋的海鲜菇生产基地。这些先进的生产设施，使得园区一年四季都能稳定生产，极大地提高了

图2-13 商洛市孙举恒（左三）副市长到宏祥社区检查和丰阳光等重点项目征地保障工作

食用菌的生产效率和品质。然而，公司的相关负责人表示，一期项目主要生产黑木耳，一年仅有两季生产期，其余时间则面临群众就业不稳定和产业园闲置等问题。

为了解决这些问题，公司决定在2020年开发建设海鲜菇生产项目，通过工厂化生产模式，实现四季稳定生产。这一举措不仅扩大了食用菌的生产规模，还使得当地群众能够稳定增收。园区按照“整流域推进、大园区建设”的思路，已建成10条整流域产业带、169个园区基地、3300个标准化大棚。通过“企业+园区+基地+贫困户”的发展模式，园区与各大基地签订了菌袋生产、技术服务、产品回收合同，形成了“三带三保四收益”的产业模式。这种模式使得山阳县食用菌产业进入了以功能农业为主攻方向的农业3.0时代。全县1万多户贫困户通过参与食用菌生产，户均年增收1.2万元以上。同时，公司也发展成为西北一流、国内领先的菌包生产基地和富硒食用菌生

图2-14 和丰阳光产业园区

图 2-15　山阳黑木耳喜获丰收每袋单产突破 1 两

产企业。

近年来，山阳县立足当地资源禀赋，将食用菌产业作为巩固脱贫攻坚成果和推进乡村振兴的首位产业来抓。以高品质木耳、优质香菇和海鲜菇生产为重点，强化技术支撑，引领食用菌产业发展。在食用菌研发上，山阳县投入研发资金 5000 万元，聘请中国科学院院士为首席专家，与西北农林科技大学、省微生物研究所等高校院所合作，组建陕西珍馐食用菌研究院，建设菌种研发中心，努力抢占菌种主导权。目前，山阳县已培育木耳、元蘑等品种 9 个，开发“酱大人”等系列产品，不断拓展食用菌产业。真正形成了产业化、规模化、绿色化、集约化发展的产业格局，为当地经济社会的可持续发展奠定了坚实基础。

第三节　花样核桃："杨树林"变成农民的"摇钱树"

山阳县，一个以"八山一水一分田"为特色的地方，深知其绿色发展的潜力和使命。核桃产业，作为山阳绿色发展的核心产业，承载着"国土增绿、产业增效、林农增收"的期望和愿景。山阳县聚焦核桃产业，致力于"造林绿化、资源保护、产业发展"三大核心工作。通过多年的努力，核桃产业不仅让山阳的绿水青山转化为金山银山，而且成为当地经济的重要支柱。山阳的气候条件独特，属于北亚热带向暖温带过渡的季风性半湿润山地气候，温和的气温和充沛的雨量使得这里成为核桃生长的理想之地。作为六大"中国核桃之乡"之一，山阳核桃以其味美壳薄、口感香酥的特点赢得了市场的青睐。不仅如此，山阳核桃还荣获"国家农产品地理标志保护产品"的称号，

图 2-16　元子街社区薄皮核桃、油板栗

进一步提升了其品牌价值和市场竞争力。核桃产业对于山阳县来说，既是民生产业，也是富民产业，它带动了当地经济的持续发展，让越来越多的群众走上了致富的道路。为了推动核桃产业的进一步发展，山阳县持续加大投入和研发力度，目前已经成功打造出核桃干果、核桃仁、核桃糖、核桃露、核桃油等系列产品品牌，产值高达 6 亿元，累计带动了 3.1 万群众增收致富。核桃产业已经成为山阳县绿色发展的重要引擎，为当地经济的持续繁荣注入了强大的动力。

“互联网 +”小核桃蝶变大产业

陕西赢正贸易公司总经理谭晓奔，作为山阳扶贫超市的运营者，近期推出的深加工产品——琥珀核桃，在直播间短短两天内销售额突破八十多万元，这一骄人成绩让他深刻体验到了直播带货的巨大魅力。如今，他们的网店已经形成了定期直播的习惯，通过直播向广大网友展示并推荐山阳的独特农产

图 2-17 山阳特色农产品直播间

品。为了进一步推广琥珀核桃，谭晓奔已经开始策划拍摄一系列短视频，并积极参与抖音平台的“山货上头条”以及“县长直播带货”等活动。

谈及琥珀核桃的制作，其核心原料——核桃仁的质量至关重要。山阳县香桃种植专业合作社的理事长冯建军，在核桃采购销售领域已有近三十年的经验。他回忆起早年骑自行车走街串巷收购核桃的日子，再到现在借助电商平台的便捷进行交易，感叹电商的发展为核桃仁的收购带来了翻天覆地的变化。仅 2023 年一年，冯建军就在周边的村镇收购了近 100 吨的核桃仁，有效带动了当地村民的经济增收。谭晓奔强调，通过“电商企业 + 合作社 + 农户”的运营模式，他们为农户设定了明确的产品标准和规格，并以高于市场价的价格进行订单收购。这种模式不仅从源头上保证了产品的质量，还鼓励农户提升对产品品质的认识，从而生产出更加优质的产品。

山阳县还借助互联网的力量，与网库集团合作，共同打造了中国核桃产业网，以电商化手段推动核桃产业转型升级，实现产业经济持续健康发展。

图 2-18　山阳县宁商农产品农民专业合作社仓库

该平台不仅解决了核桃产业升级中的痛点，还围绕品质、品牌、生态建设，整合线上线下资源，提供全方位服务，包括种苗研发、农资供销、包装设计、生产制造、电子商务、金融服务、信用服务、物流服务等，形成了一条完整的核桃全产业链。通过中国核桃产业网，山阳县引入了外来社会资本，促进了核桃深加工企业的“两化融合”，提高了核桃深加工产品的品质、品牌知名度和市场占有率。同时，该平台还推动了核桃产业与其他产业的协同发展，实现了资源共享和优势互补，进一步提升了核桃产业的综合竞争力。此外，中国核桃产业网还注重生态环境保护，通过科学使用农药化肥、优化培育核桃新品种等措施，逐步恢复生态平衡，实现核桃产业的可持续发展。这一创新举措不仅推动了山阳县核桃产业的升级转型，也为全国核桃产业的发展提供了可借鉴的经验和模式。

“专家小院”保障科技落地生根

2006 年 8 月，西北农林科技大学原校长孙武学带领团队到商洛调研核桃产业，2007 年得到商洛和山阳政府支持，在山阳建立核桃试验示范站。在核桃试验示范站的建设过程中，山阳县政府不仅提供了土地和交通工具，还确保了水电路“三通”，为试验站的建设提供了坚实的物质基础。此外，试验站还组建了一支由校地联合、多学科交叉、产学研结合的科技推广团队，这支团队会聚了众多专家和学者，为核桃产业的发展提供了强大的智力支持。在山阳县城关镇的权垣村大小沟，试验站专家实施了核桃高接换优示范工程。然而，这一工程在实施过程中遇到了部分村民的反对和抵触。为了做好群众的思想工作，首席专家翟梅枝教授、县林业站技术人员以及村主任多次深入村民家中，耐心细致地做解释工作。最终，在林业局的武建书局长的有力担保下，核桃高接换优示范工程得以顺利实施。

核桃试验示范站自建立以来，始终坚持以问题为导向，聚焦核桃产业中的突出瓶颈问题。通过科技引领和持续创新，试验站成功实现了核桃良种建园和栽培管理的标准化、科学化，极大地提升了核桃管理的整体水平。同

图 2-19　核桃嫁接技术示范现场培训

图 2-20　山阳县鑫鼎种植农民专业合作社核桃病虫害喷雾防治

时，高接换优新技术在陕西及周边 6 个省（自治区）得到了广泛推广，辐射推广面积累计达到了 100 多万亩。这不仅大幅度提高了核桃的良种率，更显著提升了核桃产品的品质和效益。在人才培养方面，试验站通过多层次的技术培训和实践锻炼，为核桃产业培养了一批懂技术、会管理的领军人才。同时，针对核桃产业的关键问题，试验站还开展了核桃育种、栽培、抗逆响应机制及加工利用等方面的应用研究和应用基础研究，为产业的提质增效和产业链延伸提供了全方位的技术储备。目前，山阳县已在全县范围内累计建立了 40 个核心示范园，辐射示范面积达到了 3 万亩以上。这些示范园不仅成为核桃新技术的展示窗口，也为当地农民提供了学习和交流的平台。通过示范辐射作用，山阳核桃产区的技术水平得到了整体提升，产业健康发展态势日益明显。

图 2-21　山阳核桃林

第四节 畜牧集群：标准化养殖成为致富“新引擎”

山阳县地处秦岭腹地，是国家南水北调中线工程重要水源涵养区，自然资源富集、生态优势明显。山阳县委、县政府认真贯彻习近平总书记来陕考察重要讲话精神，践行“绿水青山就是金山银山”的理念，坚决当好秦岭生态卫士，坚持“生态优县”发展战略，立足资源禀赋，把绿色循环产业作为富民强县的主导产业，特别是把生态养殖产业作为特色支柱产业，统筹生态空间与产业布局，积极建园区、兴基地、带农户，培育了一批生态农业产业园区，加快生态产品价值实现，真正把绿水青山“好颜值”转化成了金山银山“好价值”。

图 2-22 养殖生产区厂房照片

绿色养殖生态美

山阳县在产业发展规划上，秉持绿色循环、现代科技的先进理念，致力于打造成为全省一流的现代农业产业园。为了实现这一目标，他们高标准地谋划了山阳县生态肉牛养殖产业园。为了确保产业园的顺利推进，他们聘请了陕西省现代农业科学研究院的专家，精心编制了片区规划和园区规划。在整流域规划优化空间布局的过程中，他们对 46 户易地扶贫搬迁户腾退的 71 亩宅基地进行了整理，并流转了 302 亩零散土地。此外，他们还实施了水系修复、生态林营造等工程，以改善环境，为产业园的发展创造更好的条件。在产业园的规划上，山阳县明确了“一园四区”的布局，即养殖核心产业园、粮改饲优质饲草加工区、良种繁育育肥区、屠宰加工区和养殖废弃物综合利用区。这种布局不仅有利于资源的有效利用，还有助于实现产业的集约发展

图 2-23　夏家村牛场

和循环发展。

随着联农带农机制的持续深化，农民的经营意识得到了普遍提高。他们开始认识到绿色农产品的重要性，并积极参与生态养殖。这种从农户零散自养到经营主体带动的转变，不仅提高了生产效率，还打造了具有地方特色的品牌。山阳县在生态养殖上始终坚持“绿色循环、创新共享”的发展理念。他们通过“养殖 + 品牌”的模式，带动了产业的快速发展，并提高了产品的价值。同时，他们还在延伸产业链上做出了积极探索。按照“上伸下延”的思路，他们打通了上游链条，挖掘了生态资源的价值。依托得天独厚的气候条件和丰富的生态资源，他们大力发展肉牛养殖产业，将优质的生态资源转化为直接的经济价值。

在下游产业的延伸上，山阳县也取得了显著成果。通过“牛粪—沼气—有机肥—绿色种植”的循环发展模式，实现了“耗能”向“供能”的转变。这不仅提高了资源的利用效率，还带动了清洁能源和有机肥的生产。目前，

图 2–24　沼气发电

山阳县已经建设了沼气发电池 1500 立方米，年生产沼气 18 万立方米，盈余沼气发电 27 万度。此外，还建设了有机肥加工厂，利用沼渣和食用菌废弃菌袋加工有机肥，年生产有机肥 10 万吨，供应省内渭南、延安和省外山东等地。2021 年，清洁能源及有机肥的销售收入首次超过了养殖收入，为山阳县的农业发展开辟了新的道路。山阳县在产业发展上注重绿色、循环和创新的理念，通过精心规划和布局，实现了生态养殖产业的快速发展。

农民增收机制强

山阳县把家禽产业作为推动“菌果药畜”全产业链发展的核心产业，以高度的战略眼光和决心，发布了详细的家禽产业发展规划。根据规划，山阳县将致力于建设以本地为中心的、规模宏大的 1000 万只蛋鸡生产基地，旨在将山阳塑造成为全国绿色畜产品的重要输出地。为了实现这一目标，山阳县将发展规模化养殖场和养殖小区作为工作的重点，并以此为基础，逐步推进

图 2-25　加工物流冷库

畜禽良种化、养殖设施化、生产规范化、防疫制度化、粪污处理无害化和监管常态化等畜牧业发展的关键环节。

为了推动畜牧产业的持续发展，山阳县还制定并出台了一系列畜牧产业发展扶持政策。这些政策不仅关注传统畜牧业的提升，更注重对规模养殖、新技术引进推广以及龙头企业建设的扶持力度。通过这些政策的实施，山阳县期望能够吸引更多的投资，推动畜牧产业的转型升级。在“筑巢引凤”的战略思维下，山阳县先后投资了 5.13 亿元，成功引进了北京德青源公司在本地建立了一系列的畜牧产业相关设施。这些设施包括 120 万只蛋鸡养殖区、10 万吨饲料厂、2.3 万吨蛋品加工厂、5 万吨有机肥厂、1 万立方米沼气发电厂和 100 万套蛋托厂。这些设施的建成不仅大幅提升了山阳县畜牧产业的产值，使其年产值达到 2.6 亿元，还使山阳县成为全国知名、全省领先的生态循环蛋鸡产业园。

山阳县以标准化规模养殖作为推动家禽产业发展的方向，通过实施“联

图 2–26　北京德青源公司在山阳建立的蛋品和饲料加工区

户”经营模式，有效地促进了畜牧产业的现代化和集约化。在这一模式的推动下，农民专业合作社发挥了至关重要的作用。这些合作社不仅承担着“外接市场”的职责，将农户的产品引入更广阔的市场，实现价值的最大化，同时还扮演着“内联农户”的角色，将市场的需求和反馈传递给农户，引导农户按照市场需求进行生产。通过农民专业合作社的桥梁作用，山阳县形成了以大带小的生产格局。大型养殖企业或合作社以其强大的资金、技术和市场优势，为小型农户提供技术指导、市场信息和销售渠道，带动小型农户发展。而小型农户则通过参与合作社，获得了更多的发展机会，实现了与大型企业的有效对接。这种以大带小的生产格局，不仅提高了整个畜牧产业的竞争力，也增加了农户的收入来源，推动了山阳县畜牧产业的全面发展。山阳县在畜牧产业的发展上，不仅注重规模的扩大和技术的引进，更注重生态环保和可持续发展。通过引进生态循环技术，山阳县的畜牧产业在保障产品质量的同时，也实现了对环境的友好。这不仅为山阳县的畜牧产业赢得了良好的口碑，

图 2-27　蛋品加工车间

也为其在全国乃至全球的畜牧产业中赢得了重要的地位。

第五节 南茶北引：用好“金钥匙”打开“致富锁”

山阳县位于秦岭南麓的高山丘陵地带，海拔1000—1900米，昼夜温差显著。尽管历史上并非茶叶的原产地，但自民国时起，便有南方茶种被引入此地。1974年，山阳开始从浙江、安康等地引进茶籽进行试种。得益于其独特的冬春干旱、温和的气候，富含锌、硒等微量元素的弱酸性土壤，以及良好的水、光、热条件，山阳茶叶品质上乘，色泽翠绿，汤色明亮，香气持久，口感浓醇。20世纪80年代初，茶园规模达到万亩，并开始制茶生产。至2012年，年产绿茶已达10万斤左右。山阳县精准定位绿色发展，将茶叶作为增收的“十大产业”之一，培育壮大茶业企业和合作组织，促进茶产业强基础、提质量、上水平。在农业部出台《关于抓住机遇做强茶产业的意见》和陕西省制订了“十三五”茶产业发展规划后，山阳县抢抓机遇，加快茶叶产业的发展步伐。发展思路清，产业定位准，抓实是关键。山阳县强化组织领导，各级部门树立“一盘棋”思想，加强协作与配合，形成合力推动茶叶产业发展。近年来，山阳县委、县政府在保护南水北调水源涵养区的基础上，坚持生态立县、产业强县理念，将山水优势变为脱贫优势、发展优势，因地制宜地发展茶叶产业。

集约发展打造“金招牌”

山阳县通过集约化的方式发展茶叶产业，成功将原本单打独斗的群众和企业整合成一股强大的合力，形成了独特的“拳头效应”。截至目前，全县已汇聚了23家茶叶生产和加工企业，成立了9个专业合作社，并成功建立了2条清洁化茶叶生产线。产品线覆盖了绿茶和红茶两大系列，共获得了10个无公害茶叶产品认证和3个有机认证，注册了10个茶叶商标，还建立了两个万亩有机茶园。其中，“天竺翠峰”“莲花翠茗”“万福毛峰”“福青山”和“延

图 2-28　茶叶产业基地

图 2-29　户家塬茶园

丰”等品牌的茶叶，在陕西省内乃至全国范围内都享有盛誉，多次荣获“陕西好茶榜”和“极具发展潜力品牌”等荣誉。金桥茶叶公司的茶叶产品更是已经走出国门，远销至哈萨克斯坦等国家，为山阳县赢得了国际声誉。

茶叶产业的蓬勃发展，让山阳县拥有了一张亮丽的名片，成为该县特色产业的金字招牌。为了持续推动茶叶产业的发展，山阳县政府制定并实施了《关于加快茶叶产业发展的实施意见》，每年安排 1000 万元专项资金，用于茶叶产业的全方位发展，包括基地建设、品牌宣传、科技创新、市场开拓和人才引进等方面。同时，鼓励相关部门和茶企积极发挥自身优势，争取更多的外部资金和项目支持，为茶叶产业的持续壮大提供坚实的保障。

为了确保茶叶产业发展工作的有效落实，山阳县委、县政府将茶叶产业发展纳入年度目标责任考核，实行严格的目标责任制管理。各相关部门和茶企需严格执行县委、县政府的决策，明确工作任务，夯实工作责任，确保每项工作都得到有效落实。县茶叶产业发展工作领导小组办公室将联合扶贫、

图 2–30　高山有机茶园

督查等部门，定期对茶叶产业发展工作进行监督检查，及时发现问题并推动解决。对于政策落实不到位、工作推动不力的部门和企业，将进行重点督办和加压推进，确保茶叶产业能够快速、健康、可持续发展。

以茶为业获益“全链条”

许红飞，这位出生于山阳县漫川关镇莲花村的青年，高中毕业后选择返回家乡投身农业。他回忆道：“昔日，村里盛行种植黄姜，但随着市场风云变幻，黄姜价格逐渐走低，许多村民纷纷放弃，致使山地日渐荒芜。”目睹家乡广袤土地的闲置，许红飞深感惋惜。经过深入调研，他决定借鉴邻县的成功经验，将茶产业引入家乡。1995 年，许红飞果断行动，一次性流转了 2000 多亩山地用于茶树种植。随着时间的推移，流转的土地面积逐年增加，最终达到了 1.2 万亩，并成立了山阳县金桥茶业有限公司。在他的引领下，村民

图 2–31 法官秦岭原乡

们纷纷加入茶叶产业发展的行列。多年的辛勤耕耘，使得昔日的荒山蜕变为万亩绿色有机茶园，不仅带动了周边 7 个村 3000 多户群众因茶致富，更为山阳县的乡村振兴注入了强大动力。为了进一步推动茶产业的发展，山阳县规划建设了茶创小镇，该项目正在稳步推进中。许红飞表示，公司将以茶产业为核心，以茶文化为灵魂，围绕全域旅游和乡村振兴，全力打造一个集茶园体验、休闲养生、农业观光等多元功能于一体的综合农业新业态。

除此之外，山阳县为了进一步推动茶叶产业的持续健康发展，还积极成立了茶叶流通协会，并构建了山茶产销联盟。这一联盟的建立，旨在通过“联盟 + 企业 + 核心基地 + 合作社 + 农户”的产业发展模式，将各个相关方紧密联系在一起，共同推进茶叶产业的繁荣与发展。在这种模式下，联盟起

图 2-32　金桥茶业红茶产品图

到了聚合和协调的作用，将茶企、核心基地、合作社和农户等各方资源进行有效整合，形成强大的联盟效应。茶企通过技术创新和市场拓展，不断提升产品质量和品牌影响力；核心基地则负责优质茶树的种植和管理，确保茶叶的品质和产量；合作社则负责组织和协调农户的茶叶生产和销售，确保农户的利益得到最大化；而农户则通过参与茶叶种植和销售，实现了增产增收，提高了生活水平。通过这种模式的推行，山阳县茶叶产业得到了快速发展，不仅带动了当地经济的增长，还带动了周边地区的发展。目前，全县贫困发生率已降至 1.02%，生态环境得到了有效修复，原本闲置的资源被转化为资产，绿水青山成为金山银山，为群众带来了实实在在的红利。

第三章

乡村治理成效好

图 3-1　漫川古镇风光

图 3-2　山阳风景照

图 3–3　山阳茶创小镇

乡村治理是重大的政治工作、社会工作、群众工作，也是国家治理的基石、乡村振兴的基础。加强和改进农村基层治理，是实现乡村全面振兴，推进国家治理体系和治理能力现代化，巩固党在农村的执政基础，满足农民群众美好生活需要的必然要求，意义十分重大。习近平总书记指出，要完善党组织领导的自治、法治、德治相结合的乡村治理体系，让农村既充满活力又稳定有序。近年来，山阳县抢抓示范创建重大机遇，推动治理重心下移、资源下沉、服务下延，全力打造乡村善治的“山阳样板”。如今，走进山阳农村，处处都是新风貌，人人都有好故事。党员干部干劲足、合作社里致富忙、数字大屏有看头、文化广场欢乐多、“说事厅里”解心忧……在日新月异的发展变迁中，山阳县乡村治理体系和治理能力现代化水平不断提升，为全面推进乡村振兴做出了有益探索、贡献了强大力量。

第一节 奔忙在乡村振兴前沿的第一书记们

习近平总书记指出，在接续推进乡村振兴中，要继续选派驻村第一书记，加强基层党组织建设，提高基层党组织的政治素质和战斗力。带着新的使命，山阳县的第一书记们奔忙在乡村振兴的最前沿，一件事情接着一件事情办，一年接着一年干，带领乡亲们奔向更加美好的新生活。他们的名字，被乡亲们放在心间；他们的故事，在十里八乡广为流传。

京城黄博士：从仰望星空到脚踩泥土

黄涛是中国钢研科技集团从事科研工作的工学博士、高级工程师，2021年被选派到三槐村任驻村第一书记。初来乍到的情景他依然历历在目，山大沟深，周边连一条像样的路也没有，村里的烈士陵园杂草丛生、破旧不堪，黄涛忆及坦言“有点心凉”，但却没有退缩，因为他从村里人的目光中读出了

图 3-4 黄涛（右二）入户为老党员送纪念章

期待，看到了热忱，这瞬间点燃了他的激情。“毕竟黄涛是从京城里来的高级知识分子，见多识广，遇到新情况善于思考，善于沟通，很快就找到了科学的工作方法，打开了工作局面。”天竺山镇党委书记程念峰认为，黄涛角色转换非常快，适应能力强，带动效应明显。

黄涛最关心的是村民的“钱袋子”。到任的第一天，他就在抖音平台注册了“@黄博士帮扶日志”账号，为当地农产品销售加油助力。在黄涛等人的支持和推动下，“三棵老槐”蜂蜜商标正式注册，通过消费帮扶和电商平台销售，累计销售量达到 2 万公斤，销售额 300 多万元，不仅解决了滞销问题，每年还给村集体经济带来 20 多万元的利润。

黄涛发现当地绿色生态涵养的经济价值，他积极开拓旅游发展新思路，了解民宿产业新动向，创新旅游产业新路子，引进陕西丹青旅居品牌，主抓

图 3-5 黄涛（左一）查看养蜂现场

图 3-6 黄涛直播带货被陕西卫视《陕西新闻联播》报道

品牌民宿，开展交流合作，邀请行业专家现场培训指导，使旅游业在当时疫情不利背景下仍有了新的突破。

黄涛还与全村干部群众齐心协力构建“村集体管产、运营方管事、四支队伍管人”的新型农村集体经济模式，不但使三槐村产业迅速发展，而且培育形成了“联农带农的服务平台、富民增收的经营主体、群众自治的议事载体”，入选《陕西省新型农村集体经济优秀案例》，并向全省推广经验。

黄涛也惦记着保护村里的烈士陵园、改善村里的基础设施，为此，他多次与退役军人事务局对接有关工作，对原烈士陵园进行修缮提升，同时对周边的道路进行了拓宽硬化。“从家门口到村部虽然不远，但原来都是泥巴路，又是陡坡，下雨天难走得很，现在水泥路直通家门口，出门方便，心里畅快。”回忆起之前的出行，村民程景喜很是感慨。

提起黄涛驻村的这几年，乡亲们有说不完的“变形记”：旱厕变水厕，修建了垃圾池，安装了路灯，有了文化活动广场，水毁的道路河堤也整修一新……如今的三槐村，生产生活条件今非昔比，实实在在的幸福感、获得感，写在了群众的一张张笑脸上。

“我坚守的地方就是家”

2021 年 7 月，山阳县委办刘宝受组织委派在十里铺街道王庄村担任驻村第一书记、工作队长。驻村 2 年多的时间里，他把村里的事当作自己的事，把群众的难题当作自己的难题，用真情和实干温暖着当地群众，用驻村帮扶辛苦指数换取百姓致富的幸福指数，在这里书写了他的驻村故事。

从“去村里”到“回村里”。来村后刘宝便马不停蹄，走访了解、入户排查，笔记本上整齐详细记录下家家户户的情况，存在的问题、面临的困难。

图 3-7　刘宝（左二）工作掠影

“看到我们村里的这种处境，我心里感到很不安，我想改变他们，想把我们村变得更好更美，绝不能让乡亲们再落后下去了。”渐渐地，他的言语中已不自觉地把最初的“去村里”变成了“回村里”，王庄村成了他牵挂的另一个家乡，他也与村两委班子一起规划好了王庄村下一步产业发展、群众增收、环境提升的新方向。

“群众的事就是我的事。”2021 年 8 月 21 日，一场突如其来的暴雨打破了村庄的宁静。刘宝迅速把四支队伍召集起来，挨家挨户敲门排查、确保村民安全撤离。暴雨过后，刘宝又带领大家投身巡查河道、分发物资、搬运沙袋、清淤疏通。看到群众的农田被水淹没，房屋安全也受到了影响，他迅速把情况向单位领导作了汇报，按照“急事急办，特事特办”的原则，为 1 户房屋垮塌户递交了搬迁申请，14 户房屋受损户通过民政资金解决 500—2000

图 3-8 刘宝（右二）工作掠影

图 3-9　刘宝（左二）工作掠影

元临时救助，同时转移安置 276 人次，分散转移安置 156 人次，组织慰问受灾群众 32 户，发放米面等生活物资 66 份。刘宝切实把群众的事放在心坎上，也把他自己深深融入了村民中。

乡村要振兴，产业致富是重点。为带领群众致富，刘宝鼓励村级致富带头人张治飞带头创新创业，主动为其解决后顾之忧。2022 年 6 月，刘宝争取到帮扶资金 60 万元，与张治飞一起帮助群众发展到户产业。他创新探索推行“五到户”联农带农、“五小”经济促农富农新机制，通过台账动态管理、精准规划实施、经营主体带动、技术跟踪服务、线上线下直销到户工作举措，发展中药材 420 户 1055 亩，建设香菇棚 200 户 200 个，养殖畜禽 165 户 1650 头（只），带动户均增收 6000 元。在刘宝的倡议推动下，张治飞逐渐扩大合作社规模，2023 年 5 月，刘宝到处筹集资金帮扶，帮助其争取资金 500 万元，建设标准化、现代化、规模化食用菌袋加工车间和养菌车间，将带动更多的村民种植香菇，切实让当地村民尝到甜头，见到效益，村民增收致富又往前迈了一大步。不仅如此，他还围绕产业、基础设施等领域谋划项目，先后争取项目资金 420 万元，发展苍术种植 650 亩、连翘 405 亩，依托志诚、伟峰、博园 3 家种养殖专业合作社，带动就业 120 人，人均年增收 10000 元。

在刘宝和四支队伍的努力下，王庄村产业发展稳步前进，环境面貌焕然一新，民生保障更加坚实有力。“我坚守的地方就是家”，刘宝是这么说的，也是这么干的。

年轻的“银行人”成为地道的“村里人”

孙兴强，广发银行西安分行驻村第一书记，从 2019 年 6 月，前往山阳县中村镇黄家村驻村帮扶，到 2021 年 7 月，主动申请到山阳县漫川关镇李家坪村接续助推乡村振兴工作，至今，跨越四载寒暑，这位年轻的“银行人”已自称地道的“村里人”，当然，他更当之无愧地是化解矛盾的“调停人”。“你

图 3–10　孙兴强（右二）入户走访

们村上给我处理不了，我就找镇上，镇上处理不了我就找县上！”一村民怒气冲冲地说道。持续暴雨引发的滑坡，涌满了坡下一户村民的后屋，这让坡上坡下本就有着十几年矛盾的两户村民闹得不可开交。孙兴强和村干部多次上门调解折中的方案，逐渐让两家人平息了怒气。“群众事无小事，以真心换真心”成为他驻村工作的不二“法门”。

帮扶群众的“贴心人”。孙兴强还有一个特殊身份——山阳县20家省级帮扶团临时党支部的支部委员，这既是组织的信任，也是沉甸甸的责任。在孙兴强看来，帮扶不能仅限于自己所在的村，更要充分利用好广发银行的平台和优势，让全县更多群众收获帮扶的益处。李家坪村的44户群众易地搬迁到山阳县城，孙兴强了解到其中之一的贺关斌，一直在西安做服装加工，有回家乡开办服装厂的想法。为了让更多搬迁群众能够在家门口实现就业，孙兴强和村支书不断给贺关斌做工作，鼓励他返乡创办服装厂，不仅帮他找到合适的厂房，还为他申请了创业贷款和助农补贴。现在，随着订单量的不断加大，贺关斌的服装厂为40多名搬迁群众提供了稳定的工作岗位，让他们既掌握了一技之长，又能在家门口增收。

谋划发展的“多面手”。李家坪村有着千亩中药材基地和六百亩的茶叶种植面积，乡村振兴期间村集体经济又确定了发展蛋鸽养殖项目，基本形成了“3+X”的产业发展格局。得知村里一合作社法人代表朱成明（化名）想扩大莲藕种植规模，但苦于资金周转不足，孙兴强与行内同事通力协作，向总行报备乡村振兴莲藕种植产品专案，帮助合作社及时获批首笔贷款，成功缓解了规模扩大带来的资金压力。除此之外，孙兴强还不断创新帮扶方式，陆续开通了“驻村孙队长”抖音号和“漫川李家坪”微信视频号，坚持通过拍摄短视频来宣传推介村里的农产品、记录村里的故事，同时打造村级电商服务中心，利用“广发商城+直播带货”方式探索农产品自媒体销售新渠道，增加集体经济收入。

图 3-11　蛋鸽养殖基地

图 3-12　孙兴强助农直播

自称“村里人”的孙兴强满心记挂着把广发银行金融帮扶的“活水”，精耕细灌到秦岭深处的村落，四年坚守，驻村驻心，那里记载着他道不尽的乡土情长。

第二节　数字赋能基层社会治理新风景

民族要复兴，乡村必振兴。打造“数字乡村”，提升乡村信息化水平，聚焦农民“急难愁盼”问题，既是抓好乡村建设的重点工作之一，也是建设数字中国的重要内容，同时为着力构建乡村治理新体系做出了行之有效的创新探索。2022 年以来，山阳县以大数据中心建设为基础，建设乡村数字化综合服务平台，率先在高坝店镇芦垣沟村、栋青村 2 个边远村展开试点建设，以数字化赋能，创新基层治理方式，在乡村治理、乡村服务等方面逐渐收获了“数字乡村”建设带来的“红利”。

图 3-13　高坝店镇芦垣沟村数字化综合服务平台

一屏可视，便民服务零距离

“咱这个智慧大屏就像人的大脑，既智慧又全能。”高坝店镇专职政法委员何书锋提起镇上开通的“数字乡村”综合服务平台，不禁连连夸赞。从智慧大屏的屏幕上可以看到，该平台涵盖了村容村貌、智慧党建、便民服务、平安乡村、政务公开、防汛会商、一键报警、治安监控、生产调度、党建培训、远程矛调等多个方面，通过这块智慧大屏，高坝店镇通过乡镇电视开拓了连接村民的数字乡村信息化入口，将政务统统搬到网上，村民在家就能获取与其同步便捷的信息服务，实现了村里事，屏上“见”。运用电信互联网、大数据、云服务等信息化平台，巩固智慧电信成果，在电视开辟高坝主页展示窗口，设立个性化开屏页面，通过视频、照片及时更新政府最新的政策和时事，让群众打开电视就可以看到政务信息。同时，镇上通过平台上的视频

图 3-14 数字大屏

图 3-15　功能介绍

会议，可以和村组直接联系、召开会议，不仅将党和政府的声音传遍千家万户，同时也把老百姓身边的人和事通过机顶盒在电视上呈现，进一步调动了群众积极参与乡村治理的积极性、能动性，创新构建多平台一体化政务宣传新格局。

一键直通，乡村治理实效升

“别小看这小小的探头，起的作用大得很。我常年在西安打工，平时不在家，有了这探头，我在西安，只要在我的手机上打开天翼看家小程序，屋里发生的一切我在手机上就能看到。村支书不但在村上的视频监控室大屏上能看到，在他的手机上也能看到。有时候我妈出去不锁门，屋里进没进人，我在手机上都能看见。谁家娃不见了，只要不出村，村支书不出两分钟就能找见，有了这小小的探头，既能看家护院，又能保平安，简直神了，偷鸡摸狗的、专门骗老年人的再也没进过村。”说起小探头的好处，栋青村村民江光朝

图 3-16 数字平台功能分区

滔滔不绝。2022 年以来，山阳县高坝店镇积极构建联防联控平台，实现群众智慧化管理，加快推进“人盯人”+基层社会治理平台建设，建立以网格管理为基础的农村基层综合治理平台。利用数字化电视平台，村支部和在外群众可以通过视频、语音实时调度辖区群众监控画面，每家每户都可以在线对话，既方便对留守老人及儿童的监管，又能及时了解群众的生活状况，还能充分发挥网络数字在平安创建、防汛防滑等方面的优势作用，做到联防联控，实现以数字赋能促乡村治理实效再提升。

一网连接，身边多了守护神

“数字乡村建设以来，我最直接的感受就是社会治安越来越好，民警破案率提高，感觉我们身边多了一位平安守护神。”栋青村村支书杨金鱼说道。高坝店镇积极建设智能监控体系，推进治安数字化防范，加强数字化技防系统建设，该镇在试点村主要交通路口、入山卡口、水利农田等重点部位安装视频监控设备 95 个，为平安建设装上了“雪亮的眼睛”。通过智慧大屏和手机 APP，实时监控辖区人、事、地、物、情，村域实现了智能化监管，截至目前成功破案 20 余起，特别是侦破“3.21 系列入室盗窃案”，为群众挽回直接经济损失 2 万余元，并查处辖区“柳某某寻衅滋事案”等一批案件，在治安防范、侦查破案、打击违法犯罪、提升人民群众安全感等方面发挥着重要的作用。前端有智能摄像头，后端有视频监控平台，足不出户就能对村里进行实时监控，秸秆禁烧、环境治理等事情接二连三，村干部率先尝到了“数字乡村”的甜头，在外打工人也能看到家里老人、孩子的状态，心里也踏实了不少，支持手机 APP、电脑等多屏查看监控，村民的安全感和获得感噌噌上涨。

现如今，村里有啥最新通知，又涌现了哪个好人，什么时候上党课……只要打开电视，就了解得清清楚楚，村里事，屏上“见”，已成为高坝店镇数字乡村示范村村民的日常习惯，形成农民群众了解村务、社会治理、平安建设的重要渠道，实现了信息发布随时随地、远程发布、范围可控，全面提升了平安乡村建设智能化、精细化和专业化水平。

乡村兴则国家兴，“数字乡村”让乡村振兴有“智”更有“质”。未来，“数字乡村”建设将肩负起乡村振兴的历史重担，以信息化为基础支撑能力，着力弥合城乡“数字鸿沟”，打通乡村数字化建设的“最后一公里”，构建乡村数字化治理新体系，为推动乡村振兴注入强劲动力。

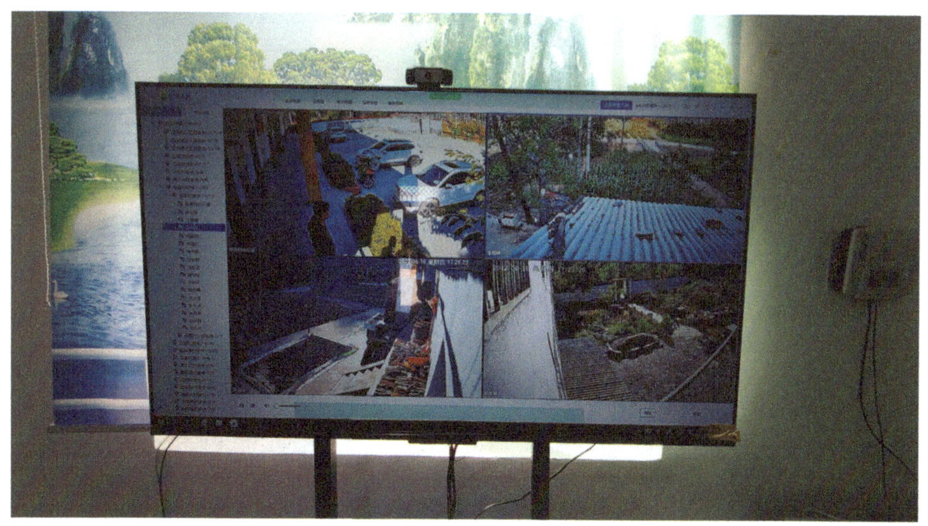

图 3-17　视频监控平台

第三节 “说事厅里”听民声来解民忧

“我屋里两个孩子上学，我左腿受伤残疾，无劳动能力，家庭困难，想吃低保，但村上不给我申报，我想问问我为什么不能享受低保政策。”

“老人家，您说的我登记下了，您是哪个村的？接下来，我们会对您反映的问题进行核查，确认属实后，将督促相关部门尽快给您申报。这是我的电话，请您说一下您的电话，到时啥情况我给您回复。”县纪委监委信访室干部田晓云耐心解答。

这是山阳县纪委监委开展纪检监察信访举报工作宣传年系列活动之一——“摆摊接访”活动的现场。在“摆摊接访”的现场，通过公开回复、流动接访、民情恳谈会等接地气的方式，收集问题线索、解答群众疑惑、解

图 3–18 县信访局局长董善平（右一）深入社区接访群众

决群众“急难愁盼”问题。他们深入一线，如同穿越茂密的丛林，带着调研方案和决心，跋涉到困难重重、群众意见集中、工作陷入僵局的地方。在一条横幅、一张桌子、几把椅子，流动接访“摊位”上，山阳县纪委监委工作人员为群众宣讲政策、答疑解惑，耐心回应群众的关心和关注，细心帮助群众解决问题，做到群众反映问题件件有回音、事事有着落，就像是在群众的家门口设了一道守护的门，让群众真切地感受到他们的力量。

只有让干部“沉”下去，问题才能“浮”上来。山阳县纪委监委开展“摆摊接访”系列活动，结合工作实际，制定调研方案，深入一线，在困难多、群众意见集中、工作打不开局面的地方找问题、挖根源、寻良策，主动“走出去”收集群众意见建议，变“群众上访”为“干部下访”，在群众家门口接受监督，有利于让群众真切地感受到监督就在身边。这一幕幕精彩的场

图 3-19 十里铺街道召开“逢四研事、遇事解事”周研判会

景，接地气、知民意、解民忧。这是一群有情怀、有担当的干部，他们用实际行动诠释着为民服务的初心和使命。

在山阳县漫川关镇乔家村，包村领导和村“四支队伍”在村民胡作强家促膝而谈，解开了老人心里的“结”，这是漫川关镇领导干部入户走访“解民忧”的一个缩影。

乔家村的村民胡作强年纪大了，身体也不好，向村委会请示享受低保政策待遇。这个消息传到了包村领导、镇人大主席李凤林的耳中。立即，他组织了村里的“四支队伍”，踏上了一次入户走访之旅，期望通过细致入微的了解，为胡作强找到解决之道。

走访开始，李凤林和他的团队仔细询问胡作强的居住情况、家庭劳动力、生活状况、身体健康以及政策待遇的享受情况。胡作强是一位老党员，也是一名退伍军人。近两年来，虽然身体状况不如从前，但并未患有重大疾病，只有一些村卫生室的就诊记录。他的两个儿子都已成家立业，胡作强应享受

图 3-20　银花镇上店子社区网格员石富桥（左三）开展入户宣传

图 3-21　城关街道丰东新区社区调委会、驻村帮扶单位主持召开矛盾纠纷调解会

的退伍军人补助、高龄补贴、养老保险等政策性待遇按月准时发放，而且每逢重大节日，各级领导干部都会亲临他家慰问。在详细讲解低保政策的过程中，镇、村干部们细致地向胡作强讲述了“全家保”和“单人保”政策。最终，胡作强表示对低保政策有了充分的了解。

问题是时代的声音，也是调研的方向。在日常调研中，山阳县残疾人联合会意识到农村有许多白内障患者备受折磨。于是，他们积极行动起来，与卫生健康局、医疗保障局、中医医院等部门展开紧密合作，联系省康复医院并推出“复明一号”直通车项目，为山阳县中医医院的白内障患者提供免费手术。这个项目让 200 多名白内障患者得到了及时的治疗，县残联工作人员更是不遗余力地协助医护人员做好每一个细节，让患者在手术后顺利康复。专家团队还对白内障患者进行了全面复查，确保手术效果达到最佳。截至 2023 年 10 月 13 日，77 例手术已经完成，这项工作成为山阳的一道亮丽风景线，让人们看到了关爱和帮助的力量。

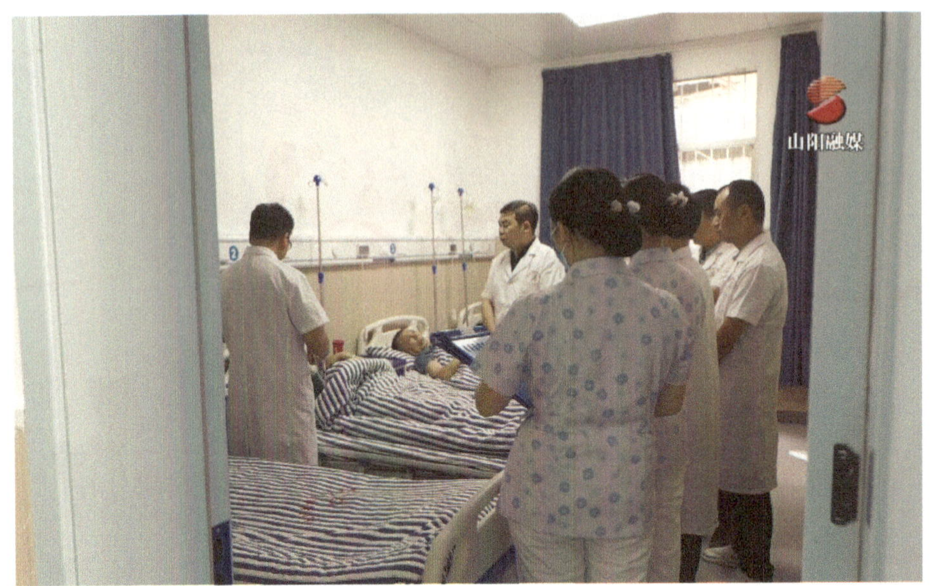

图 3-22　心电一张网

图 3-23　山阳县疾病预防控制中心揭幕

图 3-24　山阳县人民医院肿瘤中心

“太好了，我又能下地干农活了，生活上也再不用麻烦家人了！”白内障患者刘先生在摘下纱布，重见光明后激动地说。

日常生活中，邻里之间难免因为一些鸡毛蒜皮的小事产生摩擦，在高一社区“居民说事厅”里，通过说事员的调解，居民不出社区就能将矛盾化解，“说事厅”成了居民解决烦心事的窗口。

近年来，随着山阳县城主城区的不断扩大，居民对社会治理工作有了更多的需求。高一社区采用创新举措，以党建为引领，通过“五治融合”的方式构建起一个新的社会治理格局。这个格局以自治力量为主体，依靠群众参与，预防为主，依法治理，减少矛盾，促进和谐。为了更好地听取居民的声音，高一社区设立了“居民说事厅”，并通过说、理、商、办、查、评六步工作法，推行社区居民说事制度。同时，社区还常态化落实了“逢四研事，遇

图 3-25 十里铺街道高一社区居民说事厅

图 3-26 十里铺街道高一社区开展居民说事

事解事”工作制度，致力于做好人民调解工作，确保矛盾得到及时解决，社区服务水平得到有效提升。这些举措让社区治理更加灵活、高效，并激发了居民参与社会治理的积极性，有利于构建和谐社区。

山阳县以解民忧为出发点，开展了“四访四问四解四提”活动，用心聚焦群众关切的“急难愁盼”问题。他们深入基层，细致访民、问需求，听民声来解民忧，一针见血地解决了一系列关键问题，让人民群众感受到了更多的获得感、幸福感和安全感。

在各项活动中，山阳县不仅关注脱贫攻坚成果巩固，也紧密结合乡村振兴，助力村庄发展，促进产业兴旺。深入田间地头，了解实际情况，努力解决群众关心的急需问题，提升了广大党员干部的为民服务水平。这样的举措使得群众的期盼得到了真真实实的回应，让人心中充满了希望和信心。

第四章

乡村建设美如画

图 4-1　秦岭山水乡村建设

图 4-2　法官瑞君生态农业养生园

图 4-3　户家塬茶旅融合项目

乡村建设是实施乡村振兴战略的重要任务，也是国家现代化建设的重要内容。习近平总书记指出，农村现代化是建设农业强国的内在要求和必要条件，建设宜居宜业和美乡村是农业强国的应有之义，要一体推进农业现代化和农村现代化，实现乡村由表及里、形神兼备的全面提升。党的二十大报告也提出，建设宜居宜业和美乡村。从美丽乡村到和美乡村，乡村建设的内涵和目标进一步丰富拓展，突出强调乡村建设既要塑形也要铸魂，实现乡村由表及里、形神兼备的全面提升。近年来，山阳县坚持规划先行，注重模式创新，擘画出一幅幅山清水秀、风景如画、生态宜居的和美乡村新图景，家风民风乡风共同美起来，打造人民群众幸福生活的美丽山阳，走出一条独具山阳特色的乡村建设之路。

第一节　擦亮山阳乡风文明实践“新底色”

“今天下午五点半，县电影放映中心将在村委会广场放映公益电影。欢迎大家带上小板凳，准时来观看。”11 月 20 日，商洛市山阳县城关街道和平村的村民工作交流群中出现了这条消息。

“走，带上家人看电影去。早点去找个好位置，忙了一天了，刚好可以歇歇！”和平村村民郭怀福看到信息，跟邻居打着招呼，向广场走去。

春风化雨润心田，乡风淳朴温馨如家。山阳县电影放映中心在全县范围内开展的“凝聚中华情 共筑中国梦”公益电影放映活动，旨在服务群众，让群众在劳作之余感受文化魅力，享受精神文化大餐。“小时候看电影，我得追着放映队跑。现在，在家门口就可以看电影，特别方便。以前看的是一份新

图 4-4　上坪村电影放映现场

图 4-5 山阳县电影放映现场

鲜感，如今看的是一份童年的回忆。”和平村村民鬲继发说。

文明乡风是乡村振兴的灵魂，传承与发展并重，才能书写新时代农村新篇章。如今，在山阳县各个村、各个社区，村民每个月在固定时间到村里广场看场电影已经成为一种习惯。“放映的影片题材丰富，挑选的电影也是我们喜欢看的。平时大家劳累了一天，看看电影，可以消除一天的疲劳。”和平村党支部书记李小鹏说，“通过看电影，村民们聚在一起拉拉家常，邻里之间更加和睦，人情味也更浓了。现在，大家的精神生活越发丰富，争做文明新风的积极倡导者，村子实现了从‘外在美’向‘内在美’的转变。”

在电影的世界中，聆听丰富多彩的故事，阅尽风情万种的文化，带领每一位村民体会人生百态的生活。山阳县电影放映中心已经放映公益电影 160 余场，深受广大群众欢迎。山阳县委宣传部策划开展的“感受光影魅力 深化文化惠民”“奋进新时代 永远跟党走”“学雷锋精神 树时代新风”等各类放映活动，充分发挥了电影的公共文化服务功能，将党的声音和关怀传递到了百姓心间。接下来，山阳县委宣传部还将与山阳县电影放映中心联手，持续推进电影放映工作。他们将通过优化服务方式、丰富放映内容以及加强监督管理，为观众提供更好的服务。在确保每个村庄每月都有一场电影的基础上，他们还将把放映活动延伸到厂矿企业、社会福利机构、学校、军营、移民搬迁点等地方，不断扩大覆盖面和受众群体，希望能让更多人享受到电影带来的乐趣。

书法中有中华民族的文化自信。汉字的一笔一画，鲜活地表达了中国文化的传承与发展。

“同学们好，今天由我来给大家讲书法课，希望大家认真听讲，课后勤于练习。”这是西安市碑林博物馆书法交流中心主任王冰正在给山阳县法官镇法官庙村留守儿童上书法课，这是法官庙村包扶单位开展的“书法进乡村”活动，为乡村学生和爱好书法的群众提供一个交流学习的平台。这是山阳县法官镇不断加强文化阵地建设的一个缩影。

图 4–6 法官庙村“书法进乡村”活动

图 4-7　法官庙村“书法进乡村”活动

法官镇为了进一步丰富群众文化生活，筹措资金建成了镇级综合文化服务中心，并设置了多种文化设施，包括新时代文明实践所、图书阅览室、文化活动室、棋牌室、健身房和文化器材室等，同时也配备了各类书籍、办公设备和演出设施。在这个美丽的乡村里，乡风文明，人们和睦相处，展现出一种和谐美好的生活氛围。各个村庄也依托村级办公场所，建立了多个公共文化服务办公室、农家书屋、文化惠民演出固定戏台和移动舞台，设置了多个群众性公共文化活动场所，并安装了乒乓球案、篮球架等体育设施，打造了多处公共文化墙和公共文化服务宣传栏等，让乡村文化生活更加丰富多彩。

不得不提的是，法官镇以传统节日为契机，组织开展民俗演艺活动，让群众在欢乐的氛围中感受传统文化的魅力。各村也自发地组织起了农民运动会、拔河比赛、篮球赛等全民健身活动，提倡健康的生活方式。同时，法官

图 4-8　法官镇 365 志愿服务与多媒体展示区

图 4-9　法官镇图书室与阅览室

图 4-10　法官镇棋牌室与健身房

镇还依托月亮湾瀑布、水上茶庄等景点，定期组织文艺演出和送戏下乡等文化惠民活动，让群众充分享受精彩的文化表演。书法协会、锣鼓队、舞蹈队等群众性文化活动组织也陆续成立，各类文娱活动有序组织开展，培养和展示了群众的艺术才华。此外，法官镇还定期组织全民阅读活动，通过推广阅读，营造浓厚的书香氛围，提高群众的文化素养。

图 4-11　“春到万家”文化惠民演出

图 4-12　2023 年民谣民歌大赛暨纳凉晚会现场

图 4-13　首届原生态民歌民谣戏曲大赛山阳赛区现场

图 4-14　山阳县“信合杯”职工运动会开幕式现场

为了深度融合志愿服务和文化服务，法官镇更是成立了镇村两级新时代文明实践平台，推动志愿服务与文化服务相互促进。这样的举措将进一步增强群众的参与意识和社会责任感，推动法官镇的文化建设和社区发展。

山阳县城关街办也同样坚持把优秀图书送进千家万户，倾力将农家书屋打造成“蓄力站”“加油站”“充电站”“育苗站”。城关街办通过不断充实农家书屋的书籍种类，完善管理规定和借阅制度，旨在满足基层群众的文化需求，将农家书屋打造成基层党员、干部提升素质、促进振兴的“加油站”，真正让农家书屋具有活力、吸引力和实用性，让群众喜欢来、看得懂、有所收获。同时，农家书屋与党的二十大精神宣讲、普法宣传、全民阅读等内容相结合，形成了以图书资源为依托、以主题活动为特色、以乡村振兴为目标的阅读新模式，积极引导和鼓励群众走进农家书屋。在全面聚焦乡村振兴的背景下，城关街办还丰富了农家书屋中关于农业、科学和技术等相关书籍，引导农民读者从书籍中学习农业科学技术，并将所学知识应用于实践，持续提

图 4-15　法官镇综合文化站

图 4-16　法官镇新时代文明实践所及广播站

升农民的科学素养。这样的努力将把农家书屋打造成为农民学习科学知识的“充电站”，推动乡村的发展和农业的进步。

山阳县城关街办在深化拓展新时代文明实践建设方面也做出了积极的努力。通过持续推进社会主义核心价值观的宣传教育，城关街办努力培育和践行社会主义核心价值观，引导群众形成正确的价值观念。在城关街办的努力下，主次干道、文化广场、公共场所等地方广泛设置了党的二十大精神、二十四字社会主义核心价值观、中国梦等内容的宣传牌，建设文化长廊，绘制文化墙，制作主题景观，并印制发放了新时代文明实践、文明城市创建、核心价值观等宣传册，以潜移默化的方式教育引导群众树立正确的价值观念。这些举措不仅有助于培育文明乡风、良好家风、淳朴民风，还为乡村振兴注入了新的动能。

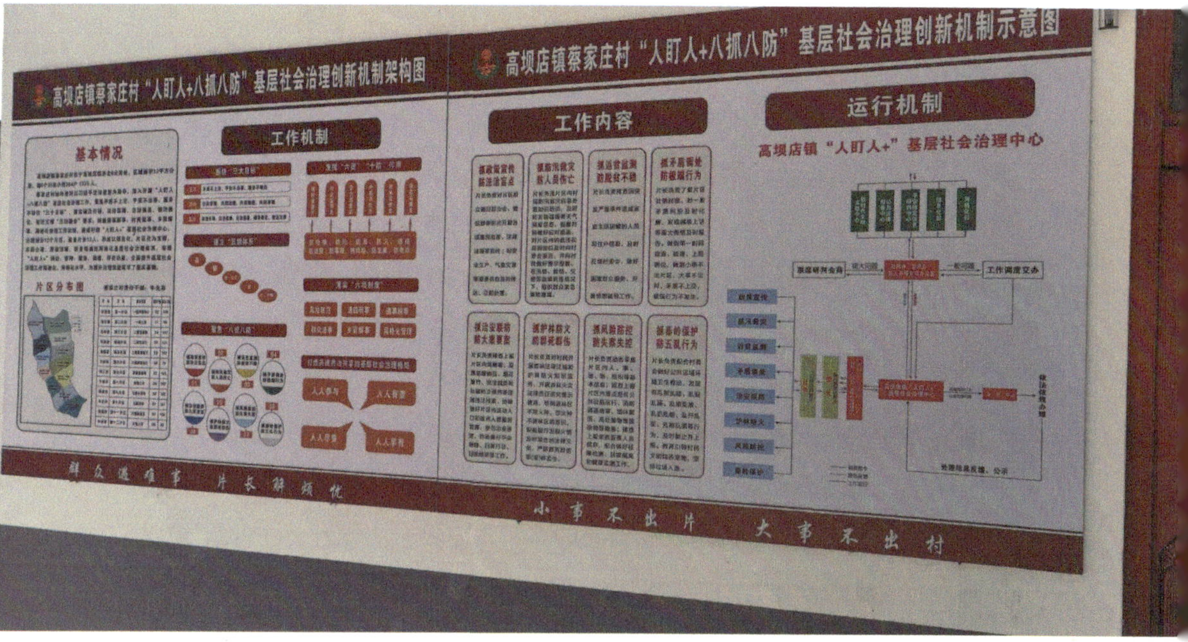

图 4-17　高坝店镇蔡家庄村宣传墙

图 4-18　莲花休闲广场

第二节　洁美乡村行动推动山阳“靓起来”

山阳县高坝店镇的美丽景象让人心旷神怡。村庄田间、路边河畔，干净平坦的道路，错落有致的院落，风格统一的民居，清澈见底的河流，一迈步，一回眸，炊烟袅袅，宁静祥和，一幅景美人和的乡村新图景徐徐展开。在黄土凸村，一座干净别致的小院格外亮眼。移步院中，菜园、假山、花卉把整个院落装扮得生机勃勃。在大门右侧的墙上悬挂着环境卫生“五星文明户”牌子。

小院的主人叫齐福云，平时爱干净，在村里也有着很高的声望。“这次被评为环境卫生‘五星文明户’，村上还给我奖励了500元。政府倡导创建‘干净高坝’，这是好事，也是我们自己的事，肯定要全力配合。”齐福云还表示，成为环境星级户后，不但要把自家院落扫干净、摆整齐，还要带领街坊邻居一起搞好门前屋后卫生，让全村都美起来。跳出黄土凸村看全镇，村村

图4-19　齐福云庭院照片

换新颜。

无独有偶，在鱼塘村，再也看不到过去“一块木板两块砖、三尺栅栏围四边”的脏乱厕所，一座座干净整洁的卫生厕所已成为村民家中的标配。走进村民南荣霞的院子，院落干净整齐，小菜园里栽种着绿油油的蔬菜，特别是新修建的厕所，墙壁雪白、干净卫生。小菜园以前是猪圈，一到夏天臭气熏天。村上整治环境卫生，移走了猪圈，修建了新厕所。“现在卫生条件好了，感觉和城里人一样了。”谈起改厕后的变化，南荣霞十分满意。

从“脏乱差”到“洁净美”的蜕变，背后究竟施了什么金点子？以前环境卫生整治，都是搞现场突击，搞重点区域，结果今天搞，明天脏。村民主动参与环境卫生治理才是解决问题的关键。高坝店镇党委提出了“以点示范、重点突破、整体推进、打造精品”的工作思路，开展“人人参与、户户有责”的村庄清洁、垃圾治理、“厕所革命”、污水治理、河道清理、粪污整治及“五美庭院”创建等活动，彻底破解环境治理难题。

图 4–20　山阳风景照

图 4-21 山阳县干净的城关

村民也从看得见、摸得着的变化中，感受到人居环境整治的利与好，逐渐从袖手旁观转变成主动参与。如今，高坝店镇已完成了从“脏乱差”到“洁净美”的华丽蜕变，一幅“望得见山、看得见水、记得住乡愁”的美丽乡村画卷已然呈现眼前。

镜头一转，山阳县色河铺镇峒峪河流域的田间地头、村庄院落展现出了一幅幅繁荣富饶的乡村景象：蓝天下，妇孺在院落里嬉戏，这是一个幸福和谐的家庭场景；田园里，玉米大豆有条不紊地种植，显示出农业生产的井然有序；村道旁，竹篱笆整齐划一，展示了乡村环境的整洁美观；庭院里，鲜花盛开、瓜果飘香，牛羊满圈、鸡兔盈笼，生活充满了丰收的喜悦和兴旺的景象。

峒峪河是山阳县色河铺镇东北部的主要河流，沿着这条河流修建了峪峒公路，为当地的交通发展提供了便利。这个地区既是粮食生产示范带，农田肥沃，农作物丰收，同时也是秦岭山水乡村示范带，拥有得天独厚的自然环境和风景资源。这里山清水秀，风景优美，成为游客观光和休闲度假的好去处。

峒峪河流域的繁荣景象得益于当地政府和居民的共同努力。“现在家里比以前干净很多，村里环境也舒适不少。”色河铺镇屈家涧村村民赵瑜笑着说，“家里的墙以前是灰色或者黑色的，地面不平，屋顶还漏雨。今年 2 月份，村里给我们把屋顶改造了，现在不漏雨了，地面给我们硬化了，厕所也给我们改了。我们现在住得很舒服，生活质量比以前不知好了多少。”

“现在村里的环境改善了，路旁绿树环绕，道路宽阔整洁，房前屋后整齐有序，生活质量也提高了，厕所改成了卫生厕所，我白天没事在家就是收拾院子、养养花，下午没事就跟老伴到小广场上遛遛弯儿、跳跳广场舞，生活在我们法官庙村就像生活在世外桃源一样。”法官镇法官庙村村民赵谋安开心地说道。

图 4–22 山阳县峒峪河村

图 4-23　山阳县屈家涧村

图 4-24　陆家湾村百亩稻田

山阳县可谓乡村振兴的代表。一直在推进的农村人居环境整治，让秦岭山水乡村变得更加美丽。抓住了农村“厕所革命”、生活垃圾和污水治理、村容村貌提升等关键问题，采取了强有力的措施，果断行动。同时，山阳还开展了人居环境整治，为乡村振兴产业示范带建设提供了有力支持。这些工作为全县乡村振兴工作打下了坚实的基础，同时也营造了浓厚的乡村建设工作氛围。

在法官镇，看似微小的农村厕所改造也引发了一系列精彩的故事。

法官镇紧随市县的“两改两转三促进”工作部署，秉持着改善农村人居环境的宗旨，镇上的村干部们齐心协力，推动着这场厕所革命，让人民的生活条件得到了根本性的改善，原乡也焕发出崭新的面貌，温暖着每个人的心房。

法官镇党委、政府对此高度重视，召开了两次镇级厕所改造工作推进会，并每周实地督导两次。为了确保工程质量，他们不仅在施工前进行参观培训，

图 4-25 山阳县农村改厕工作推进暨技术培训会

图 4–26　山阳县厕所改革李波常务副市长（左五）调研现场

还邀请县农业局的专业人员实地指导和检查技术细节，同时制定了详尽的《法官镇厕所改造原则及标准》。为了确保改造队伍技术过硬，他们还进行了多次的技术培训，让每个施工队员都熟谙改厕的标准和要求。

2023 年 10 月 15 日，随着山阳县法官镇法官庙村村民赵谋安家的卫生厕所改造完成，全镇 2445 户农户实现了卫生厕所改造。至此，法官镇卫生厕所普及率取得了良好效果，村民的幸福指数得到极大提升。为了确保每个改造项目都符合标准，村社的四支队伍共同进行了初验；待初验结束后，镇上的公用事业服务站将随机抽取户数进行复查验收，以确保改厕工程不打折扣，质量达到标准。

这场农村厕所改造的故事，虽然看似平凡，却蕴含着对人民生活品质的深切关怀。正是因为法官镇的坚持与努力，老百姓的生活变得更加舒适，他

图 4–27　法官镇厕所改革

图 4–28　法官镇厕所改革

们的家园也变得更加美好。这一切无疑是一次小小的革命，点亮了乡村的希望，温暖了每一个人的心。

第三节　走好移风易俗人情减负“新路子”

走进山阳县城关街道卜吉沟村文化广场，悬挂的“卜吉沟红白理事会章程”公示牌格外引人注目。

“村里搞的这个红白理事会真好！以前村里办红白事没有统一标准，有钱的办得风光，没钱的为了面子借钱也得办。自成立红白理事会后，理事会成员听说谁家有红白事就会去提醒一下不要大操大办，不仅统一了办事标准，还让大伙儿都有面子。”年近七旬的赵大爷指着公示牌高兴地说。

在山阳县漫川关镇的山间地头，随处可见在墓地坟前拍照登记、栽植苗

图 4–29　漫川关镇墓地治理

木的繁忙景象，一场墓地治理的热潮正在这片秦楚大地上掀起。

“党的富民政策好，家家喜事都不少。滥办酒席很糟糕，你办他办乱了套。相互攀比几十桌，吃的没有浪费多……”最近，山阳县高坝店镇富桥社区的老年协会也有了新的群口快板——《移风易俗树新风》。朗朗上口的调子、通俗易懂的说辞，使这首新创作的快板很快就在移民安置点传唱开了。

这些都是山阳县深入开展移风易俗工作、丰富群众精神文化生活、培育文明乡风的缩影。

近年来，山阳县积极瞄准农村存在的一些突出问题，如高昂的彩礼、攀比的人情往来和奢侈的丧葬习俗。为了解决这些问题，他们打造了一场名为“1423”的专项行动，仿佛一部扣人心弦的故事。这场行动包括一个约定、四个会议、两个榜单以及三个制度。每个元素都像是一个精心编织的情节，共同推动着移风易俗工作的全面深化。在推行“十百千”工程的过程中，山阳县发挥了百余个文明实践站和千余名志愿服务者的力量，如同一支庞大而有力的舞台剧演员团队，共同演绎着移风易俗工作的盛大篇章。他们不仅焕发出乡村的文明新气象，更提升了基层治理的能力，为整个故事增添了层次和魅力。

山阳县委、县政府高度重视移风易俗工作，他们多次召开专题会议，制定安排部署。为了确保工作的有效推进，山阳县成立了移风易俗工作领导小组，由县委常委和宣传部部长担任组长，副县长负责分管工作并担任副组长，还有 33 个相关单位的主要负责人作为成员。该小组还印发了《山阳县推进农村移风易俗工作实施方案》和《关于在全县移风易俗工作中开展“1423”专项行动的通知》。这些文件是一本本指南，给予工作以明确的方向和具体的步骤。此外，他们还建立了县级领导联镇办包抓、镇办科级领导包村推进落实的工作机制。

山阳县城关街道卜吉沟村通过文明村创建，持续规范“一约四会”，发挥红白理事会作用，移旧俗倡新风，有效遏制农村高价彩礼及红白事大操大办、铺张浪费等陈规陋习，着力营造风清气正、文明节俭的乡风。

图 4–30　漫川关镇前店子村善行义举榜

同样，高坝店镇富桥社区居民可不是吃瓜群众哦。他们组建了一支社区宣传队，这帮小伙子、小姑娘用尽各种花样给大家灌输移风易俗的理念，让人听了就跃跃欲试。不仅如此，他们还规定了婚事新办、白事简办的“双六条”，并完善了一本家家户户都要签字的《居民公约》，成立了“四会组织”。他们还通过“荐、评、选”的方式，挖掘了一些真正了不起的人，评选出一批“好公婆”“好媳妇”“十星级文明户”“道德模范”等先进人物，整个社区都沉浸在见贤思齐、崇德向善的浓厚氛围中。这场大作战，真是让人看了都觉得热血沸腾。

在山阳县，为了让乡村振兴焕发出绚丽的生命力，他们聚焦国家挂牌督办、疫情防控、项目建设等重点工作，同时紧密结合新时代文明实践中心建设、农村精神文明建设和基层社会治理；他们推行村规民约全覆盖，成立村民议事会、道德评议会、禁毒禁赌会、红白理事会等工作机制，还设立红榜、黑榜，加强举报、奖励和问责制度；他们采取专班推进、试点带动、先进典

图 4–31　丰东新区社区“最美丰东人”表彰大会

图 4–32　山阳县第四届道德模范颁奖典礼

型引领的方式，全面推进“一约四会两榜三制度”的落实。在这个过程中，党员领导干部扮演着关键的角色，他们率先垂范，在家庭事务上带头简办、不办、宣传，引导群众树立婚事新办、丧事简办、其他事不办的良好风尚。如今，全县已经打造了 39 个移风易俗试点村，在全县推广了一批具有示范效应、可供复制、能够推广的先进典型。这些变化，正如春风拂面，唤醒了乡村的生机与活力。

以“丰阳新声”文明实践、道德超市、文化惠民演出、移风易俗线上答题、移风易俗“红黑榜”等十大特色活动为载体，山阳县大力开展“时代新风润丰阳、移风易俗我先行”主题活动。山阳县还充分利用新闻媒体、户外宣传栏、应急广播、社区小喇叭、文化墙等宣传载体，持续唱响“秦风楚韵·和美山阳”文化品牌和“丰阳新声”理论宣讲品牌，筑牢移风易俗主阵地。在山阳宣传、山阳融媒等平台发布《“革除陈规陋习 弘扬时代新风”倡

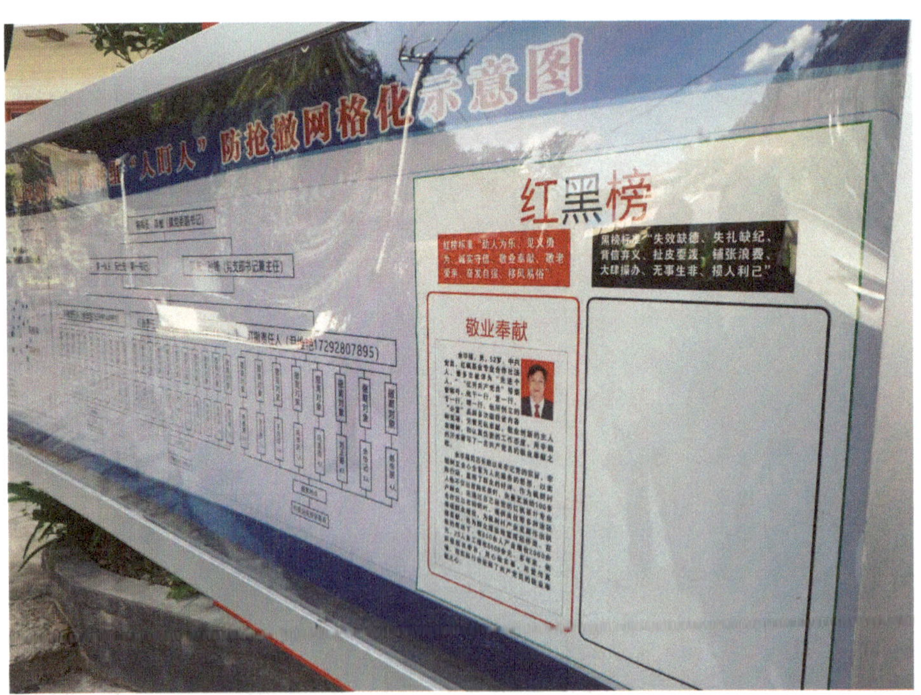

图 4-33 山阳县延坪镇红黑榜

图 4-34　山阳县富桥社区宣传工作队工作照片

议书》，并建立常态提醒机制。在节假日、中高考后等关键时间节点上提醒干部群众杜绝升学宴、谢师宴等不正之风，大力宣传倡导“两办一不办”，形成了全方位、多角度、立体式的宣传格局，为推动移风易俗工作营造良好的舆论氛围。将移风易俗工作纳入各级各部门意识形态、宣传思想文化建设年度考核主要内容，加大考核分值比重。建立常态化督查、工作指导、约束奖惩机制，确保各项工作落到实处。

通过一系列工作举措，山阳县群众“婚事新办、丧事简办、其他事不办”的思想观念初步形成，人情礼金重、盲目攀比、大操大办的不良风气得到有效遏制，文明简约的时代新风尚逐渐养成。在这条独特的道路上，山阳县实现了移风易俗的目标，让人们的负担得到了减轻。这个故事不仅让人深受感动，也向所有人展示了一种可行的方法，激励着更多地域去追求文明乡风、良好家风和朴实民风的形成。

第五章

城乡融合共发展

图 5-1　山阳风景照

图 5-2　山阳风景照

图 5-3　山阳风景照

2023 年 5 月 23 日，习近平总书记在听取陕西省委和省政府工作汇报时强调，要不断健全城乡融合发展体制机制，完善城乡要素平等交换、双向流动的政策体系。县域作为我国经济社会发展的基本单元，在推动城乡融合发展中具有重要作用。新时代坚持农业农村优先发展，坚持城乡融合发展，要把县域作为城乡融合发展的重要切入点，以县城为联结点和突破口，畅通城乡要素流动，促进城乡融合发展。

第一节　搬迁后在城里“向下扎根向上生长”

乐业才能安居。2020 年，习近平总书记在陕西考察时指出，易地搬迁是解决一方水土养不好一方人的根本途径，也是实现贫困群众跨越式发展的关键之举。然而，搬得出只是解决问题的第一步，最关键的是如何在新的地方找到工作。“十三五”期间，山阳县将易地扶贫搬迁作为偏远山区群众“挪穷窝、拔穷根”的根本途径，基本实现了“搬得出、稳得住、能脱贫、逐步能致富”的目标。

搬迁的序曲

山阳县中村镇的十八盘村，坐落在重峦叠嶂之间，曾经是一个相对偏远、非常落后的深度贫困村。在这片贫瘠的土地上，生活着年轻的妈妈王丹霞。在搬迁前，她和家人一同日复一日地在这个偏远的村庄里从事着农耕劳作。

“过去的日子，我们过得真的很辛苦。”王丹霞满怀深情地回忆，“孩子上学不便，医疗资源有限，家庭的收入也十分有限。”实际上，十八盘村是全县 30 个深度贫困村之一，贫困发生率高达 66.7%，属贫中之贫、坚中之坚的村。该村位于中村镇以北，距镇政府所在地 27 公里，有 5 个村民小组、308

图 5-4 山阳县十八盘村

图 5-5　丰东新区社区照

户 1034 人，其中建档立卡贫困户 195 户 723 人。通过三年的攻坚，已脱贫 119 户 520 人，还有贫困人口 76 户 203 人，脱贫攻坚任务十分艰巨。然而，命运的转折点即将临近。随着国家扶贫政策的深入实施，山阳县成为易地扶贫搬迁的试点之一。十八盘村的王丹霞一家，宛如命运中的幸运种子，迎来了新生活的曙光。

希望的迁徙

“那是一次改变命运的机会。”王丹霞深情地说道。2019 年，她们一家踏上了通向中村移民新区的征程。新区的生活环境优越，各项配套设施完善，更有引人注目的移民产业园区，为搬迁群众打开了广阔的就业之门。在这个崭新的生活天地里，幼儿园近在咫尺，中学距离家仅有 1 公里，让两个孩子

图 5-6　户家塬镇移民搬迁配套产业——服装加工厂

的求学之路变得轻松而安心。新区内的服务设施齐全，妇女儿童之家更是实现了监控全覆盖，让王丹霞感觉仿佛置身于一个崭新的仙境。

“这里不仅仅是我们居住的地方，更是一个重新出发的起点。”王丹霞感慨地说道。她在新区产业园找到了一份工作，专门从事毛绒玩具的加工。初入职的她很快崭露头角，从一名普通工人晋升为生产线上的“线长”。新的工作给了她更多的自主权和责任感。每天，她都亲自指导着团队成员，掌控着生产线的运转，为玩具注入了更多的灵动和温馨。在这个充满生机的工作环境里，她激发了团队的创造力，也让自己的技能不断提升。这份工作不仅让她在物质生活上更加宽裕，更是点亮了她心中奋斗的梦想之火。

“十三五”期间，山阳县实施易地扶贫搬迁 12472 户 52785 人，搬迁规模居商洛市第一，全省前列。2020 年 11 月，山阳县被国家发改委授予“十三五”搬迁工作成效明显县。在安置形式方面，推行以集中安置为主、分散安置为辅的总体思路。省市明确要求，集中安置率不能低于 80%。山阳县

图 5-7　王丹霞（左）

12472 户搬迁群众，集中安置 12157 户 52050 人，集中安置率 97.5%，分散安置 315 户 735 人，占比 2.5%。按照“遵循规律、系统谋划、四化同步、统筹推进、一举多赢”的总体思路，全县新建 55 个易地扶贫搬迁安置点。其中，800 人以下的安置点 37 个，800—10000 人的安置点 17 个，10000 人以上的安置点 1 个。

向下扎根，向上生长

王丹霞只是搬迁户中的一个缩影。在山阳县，产业发展和就业增收成为关键，而新区产业园的崛起成为推动这一愿景的强大引擎。社区工厂在这里如雨后春笋般冒出，其中服装加工、电子加工等产业的规模化发展更是为搬迁安置点社区工厂的全覆盖提供了坚实支撑。整个县域建立了 55 个易地扶贫搬迁安置点，57 个社区工厂为搬迁群众打造了一个全新的增收平台。而王丹霞所在的中村移民新区的产业园更是一颗璀璨的明珠。这里被塑造成全县功能最完善、配套最齐全、辐射范围最广的产业园之一。政府为了吸引企业入驻，推出了一系列优惠政策，同时为企业和员工提供全方位的服务。高起点规划的基础设施让这片区域成为企业理想的栖息之地，充电桩，停车棚，职工食堂、宿舍等设施更是为员工提供了便捷的工作环境。

在这片富饶的土地上，企业的蓬勃发展不仅为地方创造了经济价值，更为搬迁群众提供了就业机会。其中，迪轩服饰厂成为产业园的代表性企业之一。这家企业从入驻到投产仅用了两个月的时间，在中村镇的积极协助下，成功解决了前期用工短缺的问题。通过改建食堂和宿舍，企业提高了员工的工资水平，为员工创造了更加舒适的工作环境。迪轩服饰厂共带动了 170 人就业，其中搬迁群众 92 人，脱贫群众 43 人，平均月工资 3500 元左右。

企业的蓬勃发展也带动了搬迁群众的就业增收，让更多的人融入了城市化的步伐，迈向了更为富裕的生活。“这里不仅仅是工作的地方，更是我们梦想起航的地方。”王丹霞深情地说着。她看着身边的同事，一个个在工作中脱

图 5-8 迈思普社区工厂

图 5-9　山阳高新产业园

颖而出，不仅在生活中迎来了物质的丰收，更在心灵深处找到了对美好生活的向往。这片充满活力的土地，成就了一个个普通人的非凡梦想，也为整个山阳县注入了新的发展动力。

未来的希望

“搬迁后在城里‘向下扎根向上生长’，这不仅仅是我们的座右铭，更是我们对未来的美好期许。”如今，王丹霞的家庭如同新生的小树，已经扎下了坚实的根基，而他们的未来，正如那棵小树般，充满了生机和希望。

在山阳县，“八山一水一分田”的土石山区，易地扶贫搬迁的故事正在演绎着新的篇章。通过搬迁，这片土地焕发出新的生机，搬迁群众用勤劳和智慧书写着新的奋斗史。新的产业兴起，社区服务完善，人们的生活发生了翻天覆地的变化。未来，山阳县将继续巩固易地扶贫搬迁的成果，推动乡村振兴战略的实施。每一个搬迁群众都是这个故事的主人公，他们的努力、奉献

图 5-10　山阳风景照

和希望，都将成为这片土地上新的传说。新的时代，新的山阳，正悄然崛起，向着更加美好的未来迈进。

第二节　让农民在家门口享受美好幸福生活

漫川关，一个名字里蕴含着历史沧桑的小镇，坐落于秦岭脚下，拥有着丰富的自然风光和深厚的历史文化。这个小镇正以一种全新的姿态，让农民在家门口享受美好生活，开启了城乡融合的新篇章。在这个过程中，"厕所革命"、卫生院改建、公共文化服务等故事，交织出一幅幅鲜活的乡村画卷。

小小空间，大大改变

一场关于"小厕所，大民生"的革命在漫川关掀起。南坡村，一个曾经因村口旱厕散发的异味而令游客望而却步的地方，如今焕然一新。在省慈善

图 5-11　漫川关风景照

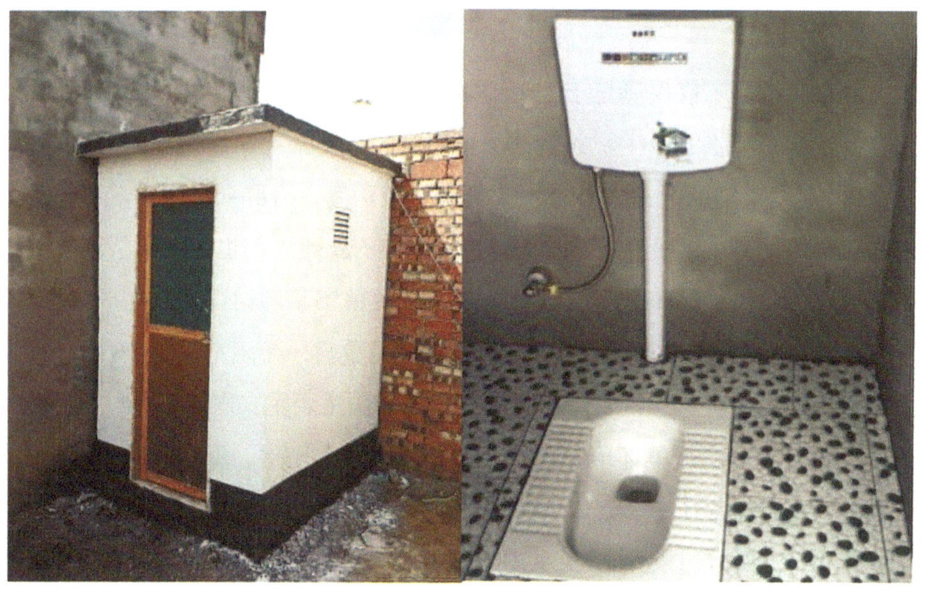

图 5-12　山阳县厕所革命照

协会携手陕西鸿瑞集团的“慈善幸福家园工程”支持下，这个村庄进行了翻天覆地的改造。

孙延双，南坡村的村党支部书记，带领村民们开展了“小厕所，大民生”的实践活动。这不仅仅是一场对厕所的简单改建，更是对整个村庄环境的提升。在过去，游客常常因为臭气熏天而匆匆离去，而今，新建的公厕以其雅致的设计和先进的设施吸引了许多游客。

贺安余一家是南坡村的村民，他们住进了一栋 120 平方米的新房，后院刚刚完成改造的新厕所更是让他们赞不绝口。新厕所的面积约为 6 平方米，男女厕位一应俱全，不仅外墙粉白，内部还贴有瓷砖，装有陶瓷蹲便器和冲水箱。“厕所下面连着化粪池，加上水泥盖板，大热天也没有臭味，使用起来干净又方便。”贺安余竖起大拇指，对新的厕所连连称赞。

改造前，漫川关镇在村民中广泛征求意见，确定了多种改厕方式，满足不同村民的实际需求。厕所改造不仅仅解决了村庄的卫生问题，更提高了游客的停留率，为农民创造了更好的生活条件。

健康服务，温暖乡村

漫川关镇并不仅仅满足于改善卫生条件，更在城乡融合的道路上迈出了坚实的一步。镇上的卫生院成为这个过程中的重要一环。原先，从医生的卫生室设在自家的四间土房里，离村委会有一段距离，给群众看病非常不方便。但随着漫川关镇乡村振兴战略的实施，卫生院的改建工作也如火如荼地展开。

康家坪村委会休闲健身广场上的“漫川关镇康家坪村卫生室”成为这一变革的缩影。村医从仁海在新卫生室内给村民看病，环境宽敞明亮，设备摆放整齐有序，各种诊疗室、药房一应俱全。从医生表示：“搬到新地方后看病的群众明显增多，这里环境好，空间大，坐诊舒适亮堂，群众也更方便。我现在基本上吃住都在村委会，全力为群众提供方便快捷的健康服务。”

在乔家村龙湾小区，卫生室的改建成为引领乡村振兴的一项亮点工作。乔家村卫生室的改建，吸引了众多居民前来就医。村医徐家虎在卫生室内为

图 5-13　漫川关镇康家坪村卫生室

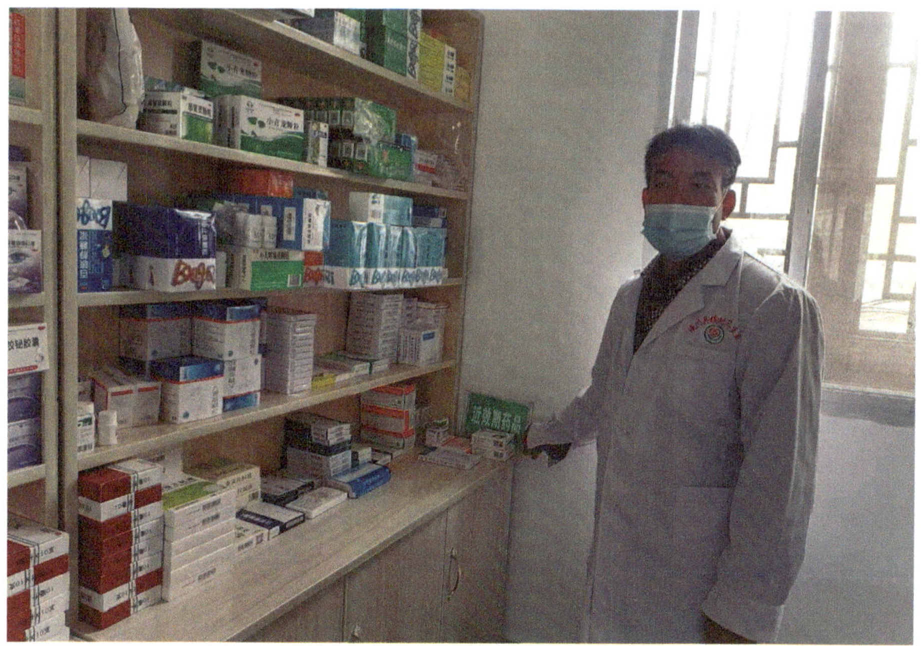

图 5-14　山阳标准化村卫生室

患者做理疗，各类诊疗设备一应俱全。由于医生的业务能力强，能够开展多科室服务，这里成为附近居民就医的首选之地。徐医生说："家门口也能享受到和卫生院差不多的服务！"这无疑让乡村居民在健康服务上更加便利，提高了村民的获得感和幸福感。

卫生院的改建不仅提高了医疗服务水平，更让乡村居民在健康保障方面受益匪浅。漫川关镇通过提升卫生服务水平，打破了城乡医疗资源差异，实现了医疗资源的均衡配置，使得农民在家门口就能享受到优质医疗服务。

文明乡风，润物无声

在漫川关，农民不仅仅在物质层面享受到了改变，精神生活也得到了极大的丰富。通过推进公共文化服务，漫川关在城乡融合的道路上走得更远。在镇内，文化广场、乡村大舞台、道德讲堂、农家书屋等文化设施如雨后春笋般涌现。这不仅提供了文艺演出的场所，更成为村民们聚集、交流、学习

图 5-15 漫川关社火

图 5-16　漫川关社火

图 5-17　漫川关社火

的中心。每逢节假日，这里都会举办各种文艺活动，吸引了周边乡亲前来欣赏，为村庄增添了浓厚的文化氛围。

8 个民俗文化大院的建设，使得漫川关这座小镇焕发出新的活力。在这些文化大院里，老百姓不仅能够感受到传统文化的底蕴，更有机会参与到各种手工艺制作和文化活动中，使得传统文化得到了传承和发展。漫川关以其独特的文化底蕴，将“漫川千古情”嵌入式旅游演艺项目推向市场，打造了“戏曲漫川”品牌和文化产品。这不仅让漫川关在文化产业方面迈出了坚实的一步，更为农民提供了丰富多彩的文娱活动。

漫川关的公共文化服务不仅注重传统文化的传承，更关注现代文明的注入。通过“十星级文明户”、好公婆、好媳妇、卫生先进户、最美家庭、美丽庭院等系列评选表彰活动，漫川关引导着村民崇德向善，形成了文明乡风。在这个过程中，志愿服务队成为推动公共文化服务的重要力量。他们定期开展主题活动，为乡村注入了浓厚的社会正能量。社火巡演、红歌赛、广场舞等各种形式的活动让村民在欢笑声中享受到了美好的生活。

图 5–18　山阳县五好家庭、好媳妇、好公婆、致富能手评选

城乡融合：漫川关的美好未来

“厕所革命”、卫生院改建、公共文化服务，这三个看似不同的故事，实际上却共同勾勒出漫川关如何让农民在家门口享受美好生活的画卷。在城乡融合的大潮中，漫川关既保留了传统的文化底蕴，又不断创新发展，让小城镇焕发出新的活力。在漫川关，农民不再只是困守在家门口，他们拥有了现代化的厕所、便捷的医疗服务，还享受到了丰富多彩的文娱活动。这一切的变化不仅仅满足了农民的物质需求，更激发了他们的创造力和生活的幸福感。

漫川关的美好未来源于城乡融合的智慧和努力。通过改善基础设施、提升服务水平、发展文化产业，漫川关展示了一个现代乡村的新面貌。在这里，农民在家门口就能够享受到城市般的便利和美好生活，实现了真正意义上的城乡融合。漫川关，一个硬朗中夹着柔情的名字，如今正以开放的姿态，迎接更多的发展机遇。这个小镇将继续努力，让农民在家门口继续享受美好幸福的生活，成为城乡融合发展的典范。

第三节　激励更多人才成为山阳振兴顶梁柱

人才兴则事业兴，人才强则乡村强。将人才聚起来、用起来、留下来，以人才带动城乡间市场、资金、信息、技术、管理和理念等方面密切联动、深度融合，乡村振兴才有底气。必须强化人才队伍建设，广开门路“聚”才，不拘一格“用”才，多措并举“留”才，用好乡村振兴人才“引擎”，培养造就一支懂农业、爱农村、爱农民的“三农”人才队伍，才有利于推进乡村全面振兴，书写好“三农”发展新篇章。近年来，山阳县聚焦乡土人才“引”“用”“留”等环节，培育了一大批“有绝活、有本领、懂经营”的“田秀才”和“土专家”，为乡村振兴提供强有力的人才保障。

图 5-19　山阳县乡党回乡发展大会

广开门路“引来才”

栽好梧桐树，引得凤凰来。新征程上，引进人才是新时代的使命呼唤，它犹如及时雨，能降甘霖、解焦渴。不拒众流，方为江海。选取人才不能过度追求“高大上”，要秉持着“英雄不问出处”的选才态度，注重从乡间田野选取“土专家”“乡秀才”，集四海之气，借八方之力，聚天下英才而用之。只有根据需求有针对性地引进人才，才会避免出现“引来的用不上、能用的没引来”的问题，发挥好各行各业“蓄水池”功能，让人才队伍始终保持“一池活水”。

近年来，山阳县大力开发乡土人才资源，打出了一套“挖才、召才、引才”的组合拳，不断充实乡土人才“蓄水池”。

把乡土人才“挖”出来。组织镇、村干部开展摸底调研，充分挖掘散落在乡村民间的熟悉乡土人情、专业技能成熟、示范引领显著的乡土人才，纳入乡土人才库并实行动态管理，目前全县各类在库乡土人才2000余名，涌现出了郭耀武、朱声远等肉牛养殖大户，余毕福、刘应宝等茶叶种植大户，熊兴成、熊家智等养蜂能人和邱少航、张建军等食用菌大户。

把在外人才“召”回来。扎实开展“归雁计划”和“迎老乡、回故乡、建家乡”活动，支持农村能人、外出务工经商人员、本土大学毕业生回乡领办创办企业、发展特色产业。建立“党员联系乡土人才”制度，定期走访，帮助乡土人才解决现实困难，并在信贷支持、金融服务、审批手续等方面给予支持，引导乡土人才把产业做精做细、做强做大。截至目前，共计289人返乡创业。

把紧缺人才“引”进来。大力落实《山阳县人才工作保障招商引资“六条措施”》，以粮药菌果畜茶“6+X”支柱产业的巨大潜力吸引、感召、集聚

图5-20　山阳县驻村第一书记座谈会

人才。主动对接秦创原创新驱动平台，邀请山阳籍中科院院士张宏福和省科学院等单位专家科普团来山阳调研指导；组建人才驿站、博士工作站等创新创业办公室3个、丰源公司市级人才工作示范点1个、领军人才团队6个，支持260名人才创新创业。

精准施策“育好才”

一年之计，莫如树谷；十年之计，莫如树木；终身之计，莫如树人。人才工作，基础在培养，难点也在培养。培养人才像“自流井”，汩汩涌流、润泽原野，不仅要用党的理论“铸魂”，树立人才“信念力”，还要做到“上接天线，下接地气”，培养人才“务实力”，努力把基层当作“练兵场”，练出“择一事终一生”的执着专注、“干一行钻一行”的精益求精、“偏毫厘不敢

图5-21　山阳县技能培训会

安”的一丝不苟、“千万锤成一器”的卓越追求，练成谋划有谱、张弛有度、推进有道的“服务者”“引导者”。

山阳县在人才培育方面，进一步推动农技培训精准化。整合农村实用技术培训、基层人才培训计划、“十百千”产业致富带头人和高素质农民培育等培训资源，开展实用技术实战培训 102 期 7438 人次、“致富带头人”培训 18 期 699 人次、高素质农民培训 206 人；对接农民专业合作社、家庭农场、种养大户等经营主体进行精准指导 2.6 万次，实现发展产业农户技术服务全覆盖。进一步推动组织力量专业化。统筹国家科技特派团团员、省市“三区”人才、县科技特派团团员、县人才服务团涉农专业人才等技术人才力量，巡回对各类产业龙头企业技术人员和能人大户进行培训，主动联系国家科技特派团帮扶农业主导产业 26 个、科研项目 18 个、发展专业人才 15 类。深入开

图 5-22　国家科技特派团技术培训会

展“博士企业行”等科技服务活动10场次，组织50名科技特派员、10支人才服务团下沉一线常态化开展“组团式”帮扶。进一步推动人才结构合理化。围绕县域粮药菌果畜茶“6+X”农民增收产业，按照一个产业一个人才团队帮扶、一个企业一个技术团队服务、一个村（社）一个小分队跟踪指导的思路，储备一定数量充足、结构合理、素质优良、优势突出的产业人才队伍，每年培养300名以上新型职业农民、10名以上定向培训农技特岗，累计培育种植、养殖、社会化服务、产业化经营等不同类型的农村致富带头人1280余名。

完善保障“留下才”

引才是一个难题，留才更是一个难题，留才贵在“留心”。鞋子合适不合适，脚最清楚。让人才留得住、安心干，就要结合本地特点，“量身定制”人才政策，拿出真招、实招、新招解决后顾之忧。欲先取之，必先予之。积极

图5-23　山阳科技特派员现场指导

营造“拴心留人”的人才发展环境。打好“乡情”“政策”“服务”三张牌，用感情留人、事业留人、待遇留人，鼓励本乡本土人才回归家乡、留在家乡、建设家乡，培养一支支“带不走”的人才队伍，真正实现人才“引得来、留得住”的美好局面。

山阳县不断健全完善制度机制。制定出台《深化人才发展体制机制改革实施办法》《加强党委联系服务专家工作的实施办法》《优秀拔尖人才选拔管理办法》等配套办法细则15个，形成层次分明、梯次接续的人才工作制度体系。山阳县被列为省委人才工作联系县、全省“双培双带”示范县。创新搭建平台载体。深入开展企业、高校和科研院所合力攻关行动，建成省市级研发中心14个、博士工作站4个、市级专家工作站3个、人才工作示范点8个，高新区被评为省级“众创空间孵化基地”。累计申请国家专利110件、授权86件，转化应用自主研发成果31项。强化人才激励保障。落实党委联系服务人才、重大决策征询专家意见等措施，常态化开展专家人才联系和走访慰问活动，评选表彰首届“山阳名师”“优秀企业家”“优秀农村实用人才”“优秀人才服务团团员”等60名。建立人才与产业利益联结机制，集聚150名专家人才到项目建设、乡村振兴、教育医疗等领域开展服务活动，为高质量发展贡献智慧与力量。

第六章

新征程上新山阳

图 6-1　山阳县城风景照

图 6-2　山阳县城风景照

图 6–3　山阳风景照

不忘初心，方得始终。中国共产党立志于中华民族千秋伟业，百年恰是风华正茂。过去一百年，党向人民、向历史交出了一份优异的答卷。现在，党团结带领中国人民又踏上了实现第二个百年奋斗目标新的赶考之路。时代是出卷人，我们是答卷人，人民是阅卷人。山阳人民一定要继续考出好成绩，在新时代新征程上展现新气象新作为。

第一节　“一都四区”战略蓝图已经绘就

碧水绕青山，金秋硕果累。红旗迎风展，丰阳士气振。2021 年 9 月 28 日，中国共产党山阳县第十九次代表大会开幕。中共山阳县委书记袁良善作题为《牢记初心担使命 砥砺奋进新征程 为建设富裕文明和谐美丽幸福五好山阳而努力奋斗》的报告。

图 6-4 山阳县法官镇风景照

图 6-5 山阳风景照

图 6-6　陕西省山阳县获评“中国最佳生态康养旅游名县”

此前五年，山阳县深入贯彻习近平总书记“七一”重要讲话和来陕考察重要讲话、重要指示精神，全面落实省委十三届九次全会、市委四届十一次全会要求，坚持稳中求进工作总基调，奋力在抢抓机遇中乘势而上，努力在开拓创新中破解难题，着力在从严治党中凝聚力量，顺利完成了第十八次党代会确定的目标任务，干成了一批强基础、利长远的大事，办成了一批群众期盼已久、过去想办而没有办成的实事，特别是打赢了脱贫攻坚战，与全国一道步入了全面小康社会。

就是此次会议明确，山阳县将顺势而为、乘势而上，放眼长远、驭势而进，用大视野审视比较优势，用大坐标定位绿色发展，用大格局优化营商环境，用大智慧提升治理效能，努力将山阳打造成为“一都四区”示范县。

打造“中国康养之都”

山阳县地处秦岭南麓，山水相依，生态环境得天独厚。政府历来重视生态保护，积极推动绿色发展。首先，山阳秉持着生物医药、健康养生、医养融合协同发展的理念，促进大健康、大旅游等朝阳产业的提升和发展。同时，加快国家全域旅游示范区创建，进一步拉高标杆、提升层次、拓宽思维、扬长避短，不断优化康养产业发展具体目标，精心做好康养重点项目规划，通过项目支撑，推动康养产业融合发展。其次，山阳将推进打造康养小镇，精心培育康养度假区。依托资源优势，精心打造天竺山、法官、漫川关森林康养及秦楚文化度假区，城关、十里铺、高坝店商务康养度假区，色河铺、小河口城郊农旅度假区，杨地、南宽坪、户家塬秦岭山水度假区“四大核心”康养片区及康养特色小镇，通过标杆引领形成集聚效应，抓好乡村旅游示范村、康养休闲园区和旅游产业项目建设，推出一批“文旅 +”“农旅 +”新业态，持续擦亮“秦岭最美是商洛 · 无限风光在山阳”招牌。

图 6–7　秦岭原乡月亮湾大瀑布

图 6-8　漫川关前店子风景照

图 6-9　漫川关小河口风景照

图 6-10 漫川关楚街

打造高质量发展转型区

山阳县围绕“两新一重”“一都四区”，着力谋划储备一批含绿量多、含新量足、含金量高的重大项目，促进项目梯次推进、滚动接续。强化保障服务，加快推进西十高铁、抽水蓄能电站等重点项目建设，形成以高质量项目建设引领高质量发展的良好格局。落实落细市委、市政府产业集群化发展“二十条措施”，聚焦“3+N”产业集群，着力把健康医药、新材料、清洁能源培育成3个百亿级产业集群，把绿色食品、电子信息、生态旅游、建筑劳务培育成4个超50亿产业集群。主动对接秦创原创新驱动平台，促进传统产业更快转型升级。加快建设数字经济园区，推动产业数字化、数字产业化。实行领导干部招引重大项目责任制，深化“迎老乡、回故乡、建家乡”活动，吸引更多大企业、好项目落户山阳。

图 6-11 西十高铁漫川关特大桥浇筑现场

图 6-12 山阳县现代工业

打造生态文明示范区

山水田园，天人合一。山阳县位于秦岭脚下，拥有得天独厚的自然资源。群山环抱，清泉潺潺，山水相依，构成了一幅幅如诗如画的山水田园画卷。在这幅画卷上，山阳县将大力推行“三线一单”生态环境分区管控，全力推动矿业发展“五化”建设，持续巩固扩大生态优势。接续落实减煤、控车、抑尘、治源、禁燃、增绿等措施，实施企业超低排放改造。紧盯“碳达峰、碳中和”目标，深入践行“绿水青山就是金山银山”理念，严格落实秦岭生态环境保护条例和总体规划，坚决遏制“两高”项目盲目发展，大力发展节能环保、清洁生产和清洁能源产业，常态化开展“五乱”问题整治，坚决当好秦岭生态卫士。推进金钱河、银花河等重点河流综合治理，确保“一泓清水永续北上”，认真落实河长制、田长制、林长制，深入开展大气、水、土壤等重点领域污染防治行动，打好蓝天、碧水、净土保卫战。大力实施“生态 +”战略，以绿色转型赋能高质量发展，积极倡导绿色低碳生活方式，让绿色发展成为时代主旋律。

图 6–13　山阳“园林工厂”

图 6-14　山阳茶园民宿

打造营商环境最优区

首先，山阳县严格落实《优化营商环境条例》，大力实施新一轮优化营商环境三年行动计划，着力减环节、优流程、压时限，最大程度提高办事效能。深化“互联网 + 政务服务”，加快推进“一件事一次办”“集成快办”改革，推行企业家“早餐会”“一站式”服务等机制，让企业来得放心、投得舒心、发展有信心。其次，山阳县一方面聚力抓改革、促开放，主动融入秦创原创新驱动平台，加强校地合作、校企合作，密切与发达地区的经贸交流，力争承接更多产业、资金、人才和技术转移。另一方面将持续探索推行“标准化厂房 +”招商模式，深化“迎老乡、回故乡、建家乡”系列招商活动，积极招引优势企业和优质项目落户山阳。最后，山阳县还将加强事中事后监管，推动“双随机、一公开”监管全覆盖、常态化，规范涉企收费和中介服务，加速建设社会信用体系，强化公平竞争政策的执行，完善守信联合激励和失信联合惩戒制度。

图 6-15　山阳县营商环境特约监督员“走流程 话感受 提建议”座谈会

图 6-16　山阳县“高质量项目推进年”“营商环境突破年”活动推进会议现场

打造市域治理创新区

山阳县积极推动县镇村综治中心“六化”和基层“两所一庭”的规范化建设，持续加强公共安全的监督管理工作。山阳将紧扣“山水园林城市、旅游康养之都”的定位，以“两拆一提升”“两边一补齐”行动为抓手，扎实抓好高铁新城、高新区等重点片区的开发和国省市重点镇、秦岭山水乡村建设，打造宜居宜业宜游的精美城镇。另外，围绕实施乡村振兴战略，山阳坚持“五治”融合发展，紧扣“守底线、抓衔接、促振兴”的主线，滚动开展“一收入两不愁三保障”、饮水安全排查等工作，一体推进各类问题整改，全面加强乡村治理，维护长治久安。山阳建立起长期的“我为群众办实事”机制，全力以赴解决教育、就业、养老、医疗等民生问题，真正保障基本民生需求。此外，还在各行业各领域深化平安创建活动，常态化开展扫黑除恶斗争，坚决预防和打击各类违法犯罪，维护社会的整体稳定。

图 6–17　城关派出所综合指挥室

图 6-18　高坝人民法庭

图 6-19　城关派出所

图 6-20　十里铺司法所

图 6-21　板岩司法所

第二节 “五好山阳”的奋斗目标已经锚定

山城丰阳，秦岭明珠。写着包容、开放、绿色标签的山阳县，唱响着嘹亮的凯歌，昂扬阔步地迈向新的一百年。在新征程上，山阳县要锚定2035年远景目标，顺势而为、乘势而上，放眼长远、驭势而进，用大视野审视比较优势，用大坐标定位绿色发展，用大格局优化营商环境，用大智慧提升治理效能，为建设富裕、文明、和谐、美丽、幸福的“五好山阳”而努力奋斗。

富裕山阳，赶超跨越

在共同富裕的道路上，山阳县决不能滞后。要以经济建设为核心，全力实现全县经济实力的新突破、产业结构的优化升级，以及城乡融合发展的崭新格局。

经济实力实现新突破。共同富裕的基石在于经济的蓬勃发展。我们必须

图6-22 山阳现代化工业

坚持创新、协调、绿色、开放、共享的新发展理念，不断提升质量和效益，释放经济增长的巨大潜力。眼下，山阳县全年生产总值已达 179.77 亿元，增长率为 2.7%，而在“十四五”规划期间，我们将全县生产总值年均增长目标定为 6.5%。在山阳县中国式现代化实践不断深入推进的今天，我们必须再次突破目标，将经济体量推向陕西全省的领先阵营。

产业质量实现双提升。产业质量的提升是经济发展的内在要求。我们将秉持“绿色循环、优质高效、品牌引领、三产融合”的发展理念，充分发挥品牌效应，推动农产品多元化开发和增值，促进特色农业高质量发展。同时，利用好“国家循环经济示范市”的优势，加强重要产品和关键技术攻关，建设新材料产业集群，提升产业聚集水平，使商洛成为绿色循环新材料基地。

城乡融合实现新格局。城乡融合发展是现代化建设的必然选择。山阳县在迈向中国式现代化的道路上，应集中精力实现“撤县设市”的目标，强化规划引领，推进县城空间布局的优化，实施高铁新城项目，促进乡村振兴，推动产城融合，形成中心城市功能更加完善、辐射带动更加强劲、城镇人口

图 6–23　西十高铁站前广场规划图

规模明显增加的现代化城镇体系新格局，打造宜居宜业、宜养宜游的山水园林城市形象。

文明山阳，德润人心

山阳县要以丰富的地域文化优势为依托，坚定文化自信，恪守文化立场，紧密围绕实现“文化强县”战略目标展开努力。我们将坚持以文化塑造城市形象，以文化培育人才，以文化促进产业发展，努力提升公共文化服务体系的服务水平，持续优化高品质文化供给，不断增强山阳县的文化软实力，让人民群众享受到更多幸福感和获得感。

文化事业蓬勃发展。满足人民日益增长的精神文化需求是文化事业发展的内在要求。山阳县将深入实施文化惠民工程，创新公共文化服务方式，优化城乡文化资源配置，提升人民精神文化素养，加强理想信念教育，通过文艺等形式丰富文化表达，保护好文物和文化遗产，全面满足人民的精神文化

图 6-24 山阳县“信合杯”职工运动会

需求。

文化产业蒸蒸日上。着力推动文化事业和文化产业繁荣发展，是习近平文化思想的重要体现，也是新时代文化工作的根本遵循和前进方向。山阳县将深刻领会其内涵与要求，以社会效益为重，统一社会效益与经济效益，健全现代文化产业体系和市场体系，助力文化产业蓬勃发展。

社会文明持续提升。我们将加强社会主义精神文明建设，培育和践行社会主义核心价值观，推动形成适应新时代要求的思想观念、精神风貌、文明风尚、行为规范。山阳县将努力让社会主义核心价值观深入人心，提高人民的思想道德素质、科学文化素质和身心健康素质，完善公共文化服务和文化产业体系，让人民群众的精神文化生活更加丰富多彩。

图 6-25 山阳广场群众纳凉晚会

和谐山阳，安定有序

在实现和谐山阳的光辉征程中，山阳县肩负着崇高的历史使命。我们将深入学习领会习近平总书记有关构建和谐社会的重要论述，坚定不移地夯实和谐社会的坚实基础，全力推进全面建设和谐山阳。

法治建设再上新台阶。法治建设是保障全面依法治国的关键，也是推进基层治理体系和治理能力现代化的重要保障。在“十四五”规划期间，山阳县将努力完善党领导法治建设的制度和工作机制，确保政府行为全面纳入法治轨道，提升执法司法公信力，提高群众法治素养和基层社会治理的法治化水平，进一步形成尊法学法守法用法的浓厚氛围。

公共安全得到新保障。公共安全是国家稳定和人民幸福的重要保障。山阳县自觉将维护公共安全置于维护人民根本利益的高度，贯彻总体国家安全观，推动国家治理体系和治理能力现代化，增强人民群众安全感，努力构建更高水平的“平安山阳”。

基层治理实现新发展。基层治理是国家治理的基础，是实现国家治理体系和治理能力现代化的基础工程。山阳县将深入学习贯彻习近平总书记对基层治理的系列重要指示批示，以及提出的新理念新思想新要求，切实提升基层治理水平，实现基层治理的新发展。

美丽山阳，生机盎然

中国式现代化是人与自然和谐共生的现代化道路，山阳县深知习近平总书记的殷殷嘱托，坚定地秉持着节约优先、保护优先、自然恢复为主的方针，不断推动秦岭生态环境质量持续改善，全面推进美丽山阳建设。

生态文明体制更加健全。我们以创建国家生态文明建设示范县为己任，以提供更多优质生态产品、满足人民日益增长的优美生态环境需求为主线，不断健全生态文明体制机制，为实现“绿水青山就是金山银山”的双向转化提供坚实保障。

图 6–26　山阳风景照

图 6–27　山阳风景照

污染防治效能显著提高。我们紧紧围绕生态环保的重点领域，持续推进大气、水、土壤等环境治理工作，不断提升环境保护的信息化、智能化、精细化水平，营造出碧水、蓝天、青山、净土的优美生态环境，全面提升县域生态环境质量，持续增强生态优势，释放生态潜能。

自然生态质量不断向好。我们牢记习近平总书记的殷殷嘱托，统筹山水林田湖草系统治理，坚定不移地筑牢国家生态安全屏障，推动生态保护系统化、环境治理精细化、生产方式绿色化，确保秦岭的美景永驻、青山常在、绿水长流。

绿色循环发展加速推进。我们以创建国家生态文明建设示范县为契机，大力推进“产业生态化，生态产业化”，加快绿色循环发展的步伐，积极探索节能新技术，推广新能源的开发与利用，持续推动低碳经济的绿色发展，倡导绿色生活方式，致力于打造资源节约型社会。

幸福山阳，润泽民生

新的征程上，山阳县要坚持以人民为中心的发展理念，将实现、维护和发展最广大人民根本利益作为发展的出发点和落脚点，努力实现更高质量的就业，推进教育现代化建设，完善健康医疗服务体系，提升公共文化服务水平，健全多层次社会保障体系，推动民生福祉迈向新的高度。

就业创业扶持力度前所未有。 就业是民生之本。党的二十大提出了“促进高质量充分就业”的目标要求，这是党中央对我国发展阶段性特征作出的重大战略部署。山阳县要深刻认识促进高质量充分就业在推进中国式现代化进程中的重要意义，并持续加大就业创业扶持力度。

提升教育教学质量成果丰硕。习近平总书记指出：“以教育之力厚植人民幸福之本，以教育之强夯实国家富强之基，为全面推进中华民族伟大复兴提供有力支撑。”山阳县要深入领会和把握这一重要论述，全面贯彻党的教育方针，坚持以人民为中心发展教育，办好人民满意的教育。

健康医疗服务体系更趋完善。 健康医疗服务是保障人民健康和生命安全

图 6-28　山阳人民

图 6-29　山阳人民

的重要保障，关系国家安全、经济发展、社会文明和人类福祉。山阳县要持续完善健康医疗服务体系，不断提升健康医疗服务水平。

城乡居民收入水平稳步提升。共同富裕是中国特色社会主义的本质要求，中国式现代化是全体人民共同富裕的现代化。山阳县要贯彻落实习近平总书记的重要讲话和党的二十大精神，多措并举增加居民收入，扎实推进全体人民共同富裕。

文化体育服务功能更趋丰富。山阳县要深刻认识中国式现代化的丰富内涵，将体育强国建设融入中国式现代化的进程，为建设文化强国、体育强国贡献山阳力量。

第三节　奋力书写中国式现代化的山阳篇

中国式现代化的号角已经吹响，山阳县的使命与责任越发重大而紧迫。在新征程上，山阳县必须深刻认识，党的坚强领导是实现现代化的关键所在，人民至上是前进道路上永恒的动力源泉。在深化改革的道路上，牢记初心使命，紧密团结在党的旗帜下，为推动经济高质量发展、实现人民对美好生活的向往而不懈奋斗。

新征程上要坚持党的领导

中国式现代化是中国共产党领导的社会主义现代化。党的坚强领导是推动山阳县走向现代化的根本保障。基层党组织承担着帮助农民致富、维护农村稳定、实现乡村振兴的重要责任，在实现中国式现代化的征程中起着关键作用。山阳县在新的现代化征程上，必须确保具备坚实的政治、思想、群众、社会基础。需要进一步加强基层党组织自身建设，提升其引领乡村发展和服务乡土社会的能力，不断激发基层党员干部服务农民、推动事业发展的内在动力。

需要进一步充分发挥广大党员干部的先锋模范作用和榜样示范作用，让

图 6-30 山阳党员干部

每一位农民都深刻认识到乡村振兴事关自身发展，唤醒他们参与现代化建设的积极性和主动性。将进一步把思想引领贯穿始终，坚持将习近平新时代中国特色社会主义思想作为指导思想，通过真学真懂真信真用，深化内化转化，使学习、思考和实践贯穿于一体，确保山阳县委成为推动山阳现代化进程的中流砥柱。

新征程上要坚持中国道路

“江河万里总有源，树高千尺也有根。”在中国特色社会主义道路上，我们已经度过了“雄关漫道真如铁”的艰难时刻，正在经历着“人间正道是沧桑”的历程，最终将迈向“直挂云帆济沧海”的辉煌明天。实现中国式现代化必须坚定不移地走中国特色社会主义道路，这是一个重大原则，是在改革开放 40 多年的伟大实践中走出来的，是在对中华人民共和国成立 70 多年的持续探索中走出来的，是在对近代以来 180 多年中华民族发展历程的深刻总结中走出来的，是在对中华民族 5000 多年悠久文明的传承中走出来的。因

图 6-31　山阳风景照

此，在开启中国式现代化山阳篇新征程中，必须沿着这条光明之路，始终保持谦虚谨慎、锐意进取、敢于奋斗的精神，继续在党中央的坚强领导下，推进伟大斗争、伟大工程、伟大事业、伟大梦想，开创中国特色社会主义事业在山阳的新局面。

新征程上要坚持人民至上

人民性是马克思主义政党的本质特征。在实现中国式现代化的进程中，山阳县必须紧紧立足于人民立场，答好新时代新征程中“人民至上”的重要命题。山阳县必须始终代表最广大人民的根本利益，与人民同呼吸共命运，与人民心连心，始终将为人民谋幸福作为根本使命。必须将人民利益摆在至高无上的位置，坚定不移地践行全心全意为人民服务的根本宗旨，确保发展的每一步都是为了人民，依靠人民，发展成果由人民共享。要坚持尊重人民主体地位和首创精神，始终相信人民，依靠人民，充分调动广大人民的积极性、主动性、创造性，凝聚起众志成城的磅礴力量，团结带领人民共同开创新的历史伟业。必须深刻认识到，在前进的道路上，无论风浪如何汹涌，人民永远是我们党最坚实的依靠、最强大的力量。必须始终保持党同人民群众

图 6-32　山阳风景照

的血肉联系，对群众怀有深厚的感情，真正将自己视为群众的一员，将群众的事视为自己的事。必须始终接受人民的批评和监督，积极回应群众的关切，切实解决群众最关心、最直接、最现实的利益问题，以此赢得人民群众的信任和拥护。

新征程上要坚持深化改革

改革的目的是推动发展。在改革的过程中实现不断地发展，在发展中不断地深化改革。回顾过去，改革开放和社会主义现代化建设持续深入推进，使中华民族伟大复兴进入了不可逆转的历史进程。我国作为一个发展中的大国，仍处于社会主义初级阶段。我国不仅具有巨大的发展潜力，也承担着深化发展的重大使命，在经历着广泛而深刻的社会变革。在这个时代的背景下，抓住战略机遇、应对风险挑战，实现高质量的发展，关键在于坚持以经济建设为中心，坚持深化改革开放。因此，在新征程上，山阳县必须坚持以习近平新时代中国特色社会主义思想为指导，坚持以经济建设为中心，围绕增强

图 6-33　山阳风景照

创新能力、推动平衡发展、改善生态环境、发展新质生产力，为新时代坚持和发展中国特色社会主义提供强大动力。

新征程上要发扬斗争精神

在新的征程中进行伟大斗争，我们必须坚持理论武装，始终以马克思主义为指导，深入学习党的创新理论，掌握马克思主义的基本原理和方法论，增强进行伟大斗争的紧迫感、责任感和使命感。同时，我们也要立足中国国情，科学认识规律，正确运用规律，积极参与各种斗争，磨炼意志，提高斗争技能，提升斗争实效。在伟大斗争中，我们需要培养见微知著的能力，从微小的变化中洞察大趋势、大变革，科学预测潜在风险，清楚了解风险的位置、表现形式和发展趋势，必要时果断采取斗争行动。在各种斗争中，我们要准确把握全局和大势，明确斗争目标，抓住斗争的关键时机，选择合适的斗争方式和策略，在原则问题上坚决不让步，在策略问题上保持灵活机动，全力以赴进行斗争，采取最合适的手段解决风险和冲突。我们要坚持辩证统一，创新斗争方式方法，根据具体情况采取灵活措施，调动一切积极因素，力求在斗争中实现团结、合作和共赢。

图 6-34　山阳风景照

图 6-35　山阳风景照

后记

习近平总书记强调："各级党委和政府要坚定不移贯彻落实党中央关于'三农'工作的决策部署，坚持农业农村优先发展，坚持城乡融合发展，把责任扛在肩上、抓在手上，结合实际创造性开展工作，有力有效推进乡村全面振兴，以加快农业农村现代化更好推进中国式现代化建设。"为深入学习贯彻习近平新时代中国特色社会主义思想和党的二十大精神，总结山阳县学习贯彻习近平总书记关于"三农"工作的重要论述、推动农业农村工作取得显著成效，探索紧密结合县域实际、指导宜居宜业和美乡村稳步推进、推动乡村振兴高质量发展，在农业农村部中国乡村振兴发展中心的帮助和支持下，山阳县乡村振兴局代表山阳县委、县政府委托西安交通大学马克思主义学院组成课题组，具体承担《秦风楚韵焕新颜：乡村振兴高质量发展的山阳故事》图书撰写工作。

本书在撰写过程中，始终秉持习近平新时代中国特色社会主义思想的指导原则，以广大基层干部群众为读者定位。在撰写风格上，着重追求图文并茂的视觉效果，力求通过立体的展示形式、简明扼要的文字描述和通俗易懂的语言风格，将时代性、知识性和历史性完美融合，使读者在阅读过程中既能感受到时代的脉搏，又能汲取到丰富的知识，并领略到历史的厚重。

本书在农业农村部中国乡村振兴发展中心指导下，由西安交通大学马克思主义学院院长燕连福教授主持编写，负责全书总体思路、研究内容的设计把关和组织撰写工作。牛刚刚、任艳桃、梅子钰、张皓凝、何佳琪、杨珂、杜若旗、张明宇等参与本书的具体写作工作与资料收集整理工作。

在本书的撰写、出版过程中，农业农村部中国乡村振兴发展中心黄承伟、谢中武、王晓杨等同志做了大量指导、协调工作；山阳县委、县政府高度重视本书的撰写和出版，谢晓军、李凌云等同志安排有关部门提供了丰富的素材、图片，成立专班审核书稿、提出修改意见，确保了本书的高质量出版。在此，一并表示衷心感谢！由于编写者水平有限，书中难免存在疏漏和不足之处，欢迎各位专家学者和广大读者批评指正。

课题组

2024 年 5 月